Jo-Jo

Mathematik 3

Herausgegeben von
Joachim Becherer
Dr. Andrea Schulz

Erarbeitet von
Joachim Becherer
Martin Gmeiner
Mechthild Schmitz
Dr. Andrea Schulz
Heike Wadehn
Tanja Wolf-Gozdowski

Fachliche Beratung:
Prof. Dr. Silvia Wessolowski

Cornelsen

Inhaltsverzeichnis

		Seite
Wiederholung	Stationen: Das kann ich schon	4/5
	Addieren bis 100	6/7
	Subtrahieren bis 100	8/9
	Multiplizieren bis 100	10/11
	Dividieren bis 100	12/13
Der Zahlenraum bis 1000	Schätzen, bündeln und zählen	14/15
	Hunderter, Zehner, Einer	16/17
	Der Tausenderstreifen	18/19
	Die Tausendertafel	20/21
	Der Zahlenstrahl	22
	Euro und Cent	23
	Sachrechnen: Daten entnehmen und darstellen	24
	Wiederholung	25
Geometrische Körper	Geometrische Körper und ihre Eigenschaften	26/27
	Ansichten von Körpern	28
	Würfelgebäude	29
	Würfelnetze und Quadernetze	30/31
	Wiederholung	32
	Knobelseite: Rund um den Würfel	33
Addieren und subtrahieren bis 1000	Stationen: Einfaches Addieren und Subtrahieren	34/35
	Addieren ohne Hunderterübergang	36/37
	Subtrahieren ohne Hunderterübergang	38/39
	Addieren mit Hunderterübergang	40/41
	Subtrahieren mit Hunderterübergang	42/43
	Überschlagsrechnung	44/45
	Rechnen mit Geld: Kommaschreibweise	46
	Übungen zur Addition und Subtraktion	47
	Gleichungen und Ungleichungen	48
	Wiederholung	49
Längen	Meter, Dezimeter, Zentimeter und Millimeter	50/51
	Kommaschreibweise bei Längen	52
	Übungen zu Längen	53
	Kilometer und Meter	54
	Projekt: Wandertag	55
Achsensymmetrie	Symmetrische Figuren	56/57
	Projekt: Mathematik und Kunst	58/59
Multiplizieren und dividieren	Stationen: Einfaches Multiplizieren und Dividieren	60/61
	Multiplizieren und dividieren mit Zehnerzahlen	62/63
	Übungen zum Multiplizieren und Dividieren	64
	Punktrechnung vor Strichrechnung	65
	Multiplizieren	66/67
	Dividieren	68/69
	Dividieren mit Rest	70
	Gleichungen und Ungleichungen	71
	Sachrechnen: Rechnen mit Tabellen	72
	Wiederholung	73

		Seite
Zeit	Jahr, Monat, Woche, Tag	74
	Stunden und Minuten	75
	Stunden, Minuten, Sekunden	76/77
	Zeitpunkte und Zeitspannen	78/79
Schriftlich addieren und subtrahieren	Schriftliche Addition ohne Übertrag	80
	Schriftliche Addition mit Übertrag	81
	Übungen zur schriftlichen Addition	82/83
	Schriftliche Subtraktion ohne Übertrag: Ergänzen	84
	Schriftliche Subtraktion mit Übertrag: Ergänzen	85
	Schriftliche Subtraktion ohne Übertrag: Abziehen	86
	Schriftliche Subtraktion mit Übertrag: Abziehen	87
	Übungen zur schriftlichen Subtraktion	88
	Übungen zur schriftlichen Addition und Subtraktion	89
	Schriftliches Rechnen mit Kommazahlen	90/91
	Sachrechnen: Informationen entnehmen	92
	Wiederholung	93
	Projekt: Besondere Aufgaben	94/95
Daten, Häufigkeit, Wahrscheinlichkeit	**Sachrechnen: Daten entnehmen**	96/97
	Sachrechnen: Diagramme lesen und erstellen	98/99
	Wahrscheinlichkeit	100/101
	Kombinatorik	102/103
	Wiederholung	104
	Knobelseite: Sudoku	105
Linien und Flächen	Linien	106
	Zueinander parallele Geraden	107
	Zueinander senkrechte Geraden	108/109
	Flächen	110/111
	Umfang und Flächeninhalt (I)	112/113
	Umfang und Flächeninhalt (II)	114
	Wiederholung	115
Gewichte und Rauminhalte	Gewichte vergleichen und ordnen	116/117
	Kilogramm und Gramm	118/119
	Liter und Milliliter	120/121
Rechnen bis 1 000	Addieren und subtrahieren bis 1 000	122/123
	Multiplizieren und dividieren bis 1 000	124/125
	Der Taschenrechner	126
	Wiederholung	127
	Projekt: Adam Ries	128/129
Der Zahlenraum über 1000 hinaus	1 000 und mehr	130/131
	Der Zahlenraum bis 10 000	132/133
Glossar	Merkwissen/Wortspeicher	134–136

3

Wiederholung

Stationen: Das kann ich schon

1. Station: Zahlen bis 100

2. Station: Addieren und subtrahieren bis 100

Stationen aufbauen **1. Station**: Karten vorbereiten; Legematerial und Hundertertafel (Beilage) verwenden; ein Kind schreibt dem Partner eine Zahl auf den Rücken, dieser nennt, legt, zeichnet und schreibt die Zahl **2. Station**: Zielzahl individuell festlegen

Addieren bis 100

1 Erklärt, wie die Kinder die Aufgabe lösen.

2 Wie rechnet ihr? Erklärt.

a) 19 + 13	b) 36 + 20	c) 28 + 3	d) 59 + 22	e) 9 + 77
26 + 22	41 + 37	37 + 5	46 + 36	8 + 86
15 + 15	52 + 45	55 + 8	38 + 54	45 + 55
37 + 34	40 + 40	82 + 9	17 + 67	44 + 39

30, 31, 32, 42, 48, 56, 63, 71, 78, 80, 81, 82, 83, 84, 86, 91, 92, 94, 97, 100

3 Wie rechnest du?

a) 26 + 3	b) 11 + 11	c) 36 + 15	d) 37 + 29
41 + 7	22 + 23	49 + 22	54 + 37
52 + 18	25 + 25	47 + 37	66 + 28
60 + 20	41 + 42	56 + 36	75 + 25

22, 29, 45, 48, 50, 51, 66, 70, 71, 80, 83, 84, 91, 92, 94, 100

4 Bilde eigene Aufgaben zu den Strategien.

a) Verdoppeln

b) Kleine Aufgabe Große Aufgabe

c) Rechnen in Schritten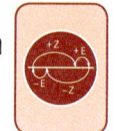

5) Rechne geschickt.

Manchmal hilft die Tauschaufgabe.

a) 14 + 35
20 + 45
7 + 63

b) 37 + 24
48 + 16
26 + 37

c) 65 + 25
24 + 56
12 + 88

6)

*TIPP
34 + 19 = 53,
denn
34 + 20 = 54*

a) 24 + 19
35 + 29
43 + 9

b) 37 + 19
28 + 29
44 + 39

c) 47 + 39
52 + 29
63 + 19

7) Ordne zu. Bilde weitere passende Aufgaben.

45   60   88

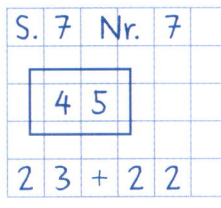

S. 7   Nr. 7
4 5
2 3 + 2 2

| 23 + 22 | 35 + 25 | 44 + 44 | 29 + 31 | 58 + 30 | 11 + 49 |
| 26 + 19 | 30 + 30 | 70 + 18 | 59 + 29 | 8 + 37 | ▢ + ▢ |

8) Rechnet richtig im Heft und erklärt.

Vorsicht, 5 Fehler!

a) 33 + 22 = 55
48 + 6 = 53
15 + 55 = 70
58 + 34 = 92

b) 29 + 32 = 52
19 + 49 = 68
28 + 58 = 86
78 + 8 = 88

c) 34 + 56 = 90
52 + 25 = 50
19 + 64 = 83
76 + 19 = 85

9) Lena fährt mit ihren Eltern, ihrem Bruder und Hund Ronja mit der Seilbahn.

a) Wie viel kosten die Karten für die beiden Erwachsenen?
b) Wie viel kosten die Karten für die beiden Kinder?
c) Wie viel kosten die Karten für die Familie mit dem Hund zusammen?
d) Wie viele Stunden fährt die Bahn am Tag?

Preise pro Fahrt
Erwachsene 16 €
Kinder 8 €
Hunde 5 €
Betriebszeiten:
9.00 Uhr bis 18.00 Uhr

Subtrahieren bis 100

1 Erklärt, wie die Kinder die Aufgabe lösen.

2 Wie rechnet ihr? Erklärt.

a)	b)	c)	d)	e)
29 – 16	37 – 20	32 – 4	41 – 22	34 – 29
38 – 27	45 – 25	44 – 6	52 – 13	83 – 47
30 – 15	68 – 39	52 – 7	65 – 38	72 – 68
67 – 67	73 – 49	65 – 9	78 – 29	100 – 74

0, 4, 5, 11, 13, 15, 17, 19, 20, 24, 26, 27, 28, 29, 36, 38, 39, 45, 49, 56

3 Wie rechnest du?

a)	b)	c)	d)
16 – 8	27 – 15	32 – 13	53 – 25
37 – 5	44 – 22	44 – 26	63 – 27
18 – 9	80 – 35	50 – 25	74 – 48
49 – 8	76 – 46	73 – 36	93 – 89

4, 8, 9, 12, 18, 19, 22, 25, 26, 28, 30, 32, 36, 37, 41, 45

4 Bilde eigene Aufgaben zu den Strategien.

a) Halbieren
b) Rechnen in Schritten

5

TIPP
32 − 9 = 23,
denn
32 − 10 = 22

a) 32 − 9
41 − 19
54 − 29
65 − 19

b) 48 − 29
51 − 39
74 − 19
64 − 49

c) 67 − 39
75 − 59
86 − 69
93 − 79

6

Ich ergänze, wenn beide Zahlen nahe beieinander sind. Von 23 bis 25 fehlen 2.

a) 25 − 23
38 − 35
46 − 44
59 − 56

b) 32 − 29
41 − 38
53 − 49
64 − 58

c) 64 − 57
73 − 65
80 − 73
96 − 87

7 a) Schreibe nur die Aufgaben mit Zehnerübergang ins Heft. Löse sie.

Ich schaue mir die Einer an.

| 38 − 16 | 42 − 24 | 53 − 35 | 96 − 74 |
| 45 − 27 | 58 − 36 | 77 − 55 | 87 − 69 |

b) Schreibe und löse weitere Aufgaben mit Zehnerübergang.

8 Welche Aufgaben sind leicht für dich? Begründe und markiere im Heft. ☒

a) 46 − 4
37 − 20
60 − 35
44 − 33

b) 31 − 9
42 − 38
52 − 46
65 − 58

c) 53 − 14
61 − 48
72 − 36
83 − 45

d) 55 − 28
62 − 37
83 − 49
95 − 78

9 Tonis Eltern kaufen ihm zum Geburtstag einen Pedal-Roller. Sie bezahlen mit einem 50-€-Schein.

Wie viel Euro bekommen sie zurück?

39 €

10 Nino hat 30 €. Er will zwei Bücher kaufen. Das eine Buch kostet 9 €, das andere ist doppelt so teuer.

a) Reicht das Geld?
b) Hat Nino noch Geld für zwei Kugeln Eis übrig?

11 Stellt euch abwechselnd Aufgaben mit und ohne Zehnerübergang.

Multiplizieren bis 100

1 Erklärt, wie die Kinder die Aufgabe lösen.

2 Schreibe zu jedem Bild zwei Malaufgaben und rechne.

3
a) Malt ein Bild zur Aufgabe 2 · 2. Macht daraus ein Bild zu 3 · 2.

b) Malt ein Bild zur Aufgabe 3 · 4. Macht daraus ein Bild zu 6 · 4.

c) Malt ein Bild zur Aufgabe 5 · 5. Macht daraus ein Bild zu 5 · 7.

4 Löse die Schlüsselaufgaben.

	a)	b)	c)	d)
	1 · 10	1 · 5	1 · 2	1 · 4
	2 · 10	2 · 5	2 · 2	2 · 4
	10 · 10	10 · 5	10 · 2	10 · 4
	5 · 10	5 · 5	5 · 2	5 · 4

e)	f)	g)	h)	i)
1 · 8	1 · 3	1 · 6	1 · 9	1 · 7
2 · 8	2 · 3	2 · 6	2 · 9	2 · 7
10 · 8	10 · 3	10 · 6	10 · 9	10 · 7
5 · 8	5 · 3	5 · 6	5 · 9	5 · 7

1 bis 3 Bei Bedarf mit Material arbeiten 4 Herleitung und Funktion der Schlüsselaufgaben thematisieren; Zusammenhänge zwischen 10er- und 5er- sowie 2er-, 4er- und 8er-Reihe usw. besprechen (die Hälfte, das Doppelte, …)

5 Löse die Aufgaben mithilfe der Schlüsselaufgaben.

a) 2 · 4	b) 1 · 8	c) 5 · 3	d) 2 · 6	e) 3 · 9
4 · 4	3 · 8	6 · 3	4 · 6	6 · 9
6 · 4	5 · 8	8 · 3	10 · 6	9 · 9
8 · 4	7 · 8	9 · 3	9 · 6	0 · 9

6 Wie oft?

a) 20 = ■ · 2   b) 16 = ■ · 8   c) 27 = ■ · 9   d) 21 = ■ · 7
   10 = ■ · 2   32 = ■ · 8   54 = ■ · 9   42 = ■ · 7

7 a) ★ · 8 = 32   b) ★ · 3 = 24   c) 3 · 9 = ★   d) 4 · ★ = 28
   6 · ★ = 30   9 · ★ = 36   5 · ★ = 35   8 · 9 = ★
   7 · 3 = ★   7 · 6 = ★   ★ · 6 = 48   ★ · 7 = 63

8 Schreibe die passenden Malaufgaben zu den Quadratzahlen ins Heft.

4 = 2 · 2

a) 4 = ■ · ■   b) 64 = ■ · ■   c) 81 = ■ · ■
   16 = ■ · ■   9 = ■ · ■   49 = ■ · ■
   25 = ■ · ■   36 = ■ · ■   100 = ■ · ■

9 Simon und Lara wollen beide jeweils 5-mal mit dem Riesenrad fahren.

a) Simon kauft 5 Einzelkarten. Wie viel muss er bezahlen?

b) Lara überlegt und sagt: „Ich bezahle weniger als Simon." Erklärt.

Einzelkarte 4 €
5-Fahrtenkarte 15 €

10

a) Meine Zahl erhältst du, wenn du 5 mal 8 rechnest.

b) Meine Zahl ist eine Zehnerzahl und kleiner als 70. Sie gehört zur 8er-Reihe.

c) Meine Zahl erhältst du, wenn du das Doppelte von 4 mit der Hälfte von 6 malnimmst.

Dividieren bis 100

1 Erklärt, wie die Kinder die Aufgabe löst.

Simon   Lara   Nina

2 Schreibe zu jedem Bild zwei Geteiltaufgaben und erkläre.

a)

b)

c) 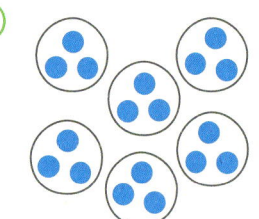...

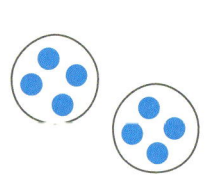
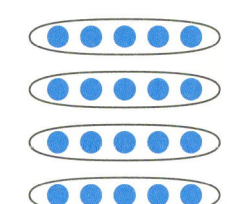

S.	1	2	Nr.	2	
a)		8	:	4	=
		8	:	2	=

3 Male, kreise ein und rechne.

a) 10 : 2   b) 12 : 4   c) 15 : 5   d) 18 : 3   e) 14 : 7

4
a) 10 : 10	b) 5 : 5	c) 4 : 2	d) 8 : 4	e) 16 : 8
20 : 10	10 : 5	8 : 2	16 : 4	32 : 8
30 : 10	15 : 5	12 : 2	24 : 4	48 : 8
40 : 10	20 : 5	16 : 2	32 : 4	64 : 8

5 Finde die Lösungen mithilfe der Umkehraufgaben.

a) 70 : 10	b) 18 : 2	c) 24 : 4
30 : 5	16 : 4	48 : 8
40 : 4	45 : 5	35 : 5
10 : 2	40 : 8	80 : 10

S.	1	2	Nr.	5		
a)	7	0	:	1	0	= 7
			7 ·	1	0	= 70

1 bis 3 Vorgehen visualisieren und bei Bedarf mit Material arbeiten
2 Erklären, wie man zu den Aufgaben kommt, z. B. 2 a) Aufteilen 8 : 4, Verteilen 8 : 2
5 Zusammenhang zwischen Multiplikation und Division thematisieren

6
a) 6 : 3	b) 12 : 6	c) 9 : 9	d) 21 : 7
12 : 3	24 : 6	18 : 9	28 : 7
18 : 3	36 : 6	36 : 9	56 : 7
24 : 3	48 : 6	72 : 9	63 : 7

S. 1 3 Nr. 6
a) 6 : 3 = 2

7 Finde die Lösungen mithilfe der Umkehraufgaben.

15 : 3 = 5, denn 5 · 3 = 15

a) 15 : 3	b) 42 : 6	c) 27 : 3
30 : 6	18 : 3	56 : 7
45 : 9	54 : 9	81 : 9
35 : 7	49 : 7	48 : 6

S. 1 3 Nr. 7
a) 1 5 : 3 = 5
   5 · 3 = 1 5

8 Bilde die Aufgabenfamilien und rechne.

2 Malaufgaben
2 Geteiltaufgaben

a) 10, 3, 30
b) 7, 14, 2
c) 42, 6, (leer)

9 Rechne. Was fällt dir auf?

a) 10 : 2	b) 12 : 3	c) 16 : 4	d) 30 : 6
11 : 2	13 : 3	17 : 4	31 : 6
12 : 2	14 : 3	18 : 4	32 : 6
13 : 2	15 : 3	19 : 4	33 : 6

S. 1 3 Nr. 9
a) 1 0 : 2 = 5

10 Verteilt gleichmäßig.

a) 15 Blumen in 3 Vasen

b) 24 Tierfiguren an 3 Kinder

11 Erfindet eigene Rechengeschichten.   18 : 6   20 : 4

Der Zahlenraum bis 1000

Schätzen, bündeln und zählen

① Schätzt die Anzahl der Vögel. Wie geht ihr vor?

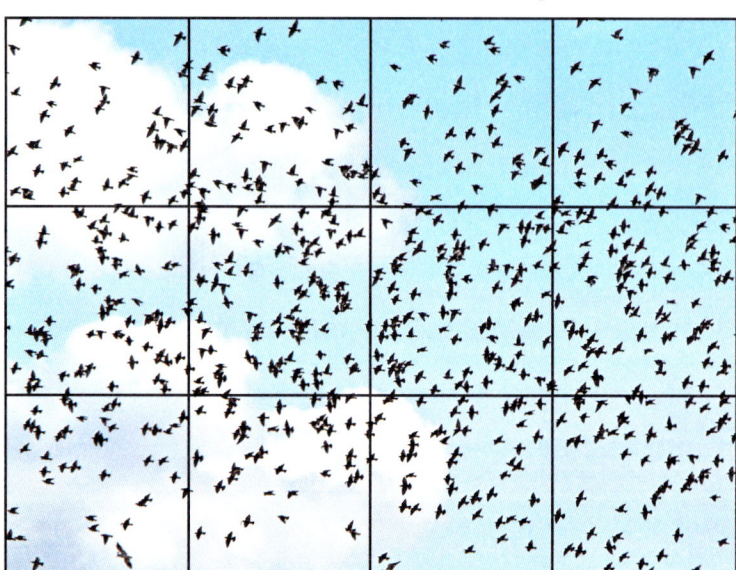

Info

Im Herbst sammeln sich viele Vögel zu Schwärmen. Sie ziehen in den warmen Süden, weil es ihnen im Winter bei uns an Nahrung fehlt und zu kalt ist. Wenn es im Frühling wärmer wird, kehren sie zurück. Diese Vögel nennt man Zugvögel. Zu ihnen gehören zum Beispiel Wildgänse und Schwalben.

② Schätzt die Anzahlen. Wie geht ihr vor?

a) Wie viele Zellen sind es?

b) Wie viele Körner sind es?

③ Schätzt die Anzahl der Bohnen in den Gläsern.

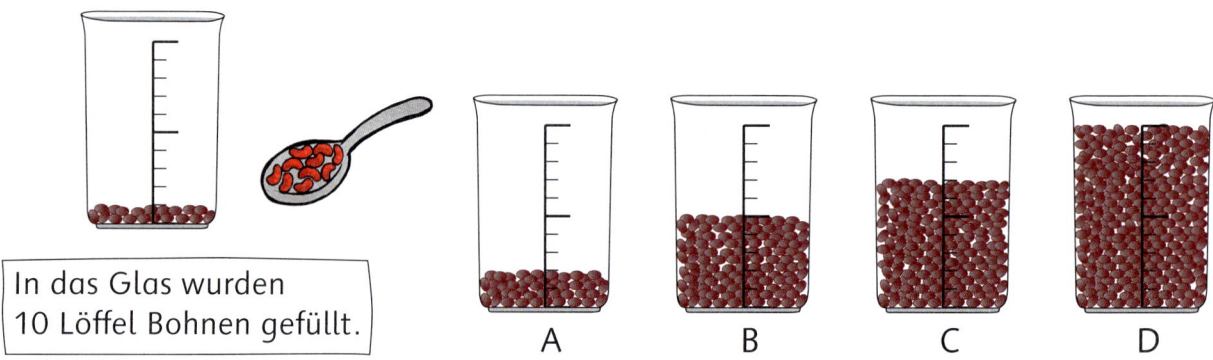

In das Glas wurden 10 Löffel Bohnen gefüllt.

A   B   C   D

14 Thematisieren von Schätzstrategien, Erfassen von Vorkenntnissen zum neuen Zahlenraum
1 bis 2 Anzahlen im Rasterfeld, in einer Spalte oder einer Reihe auszählen und auf die Gesamtzahl schließen **3** Skalierung beim Schätzen (halbvoll, voll, ...) nutzen

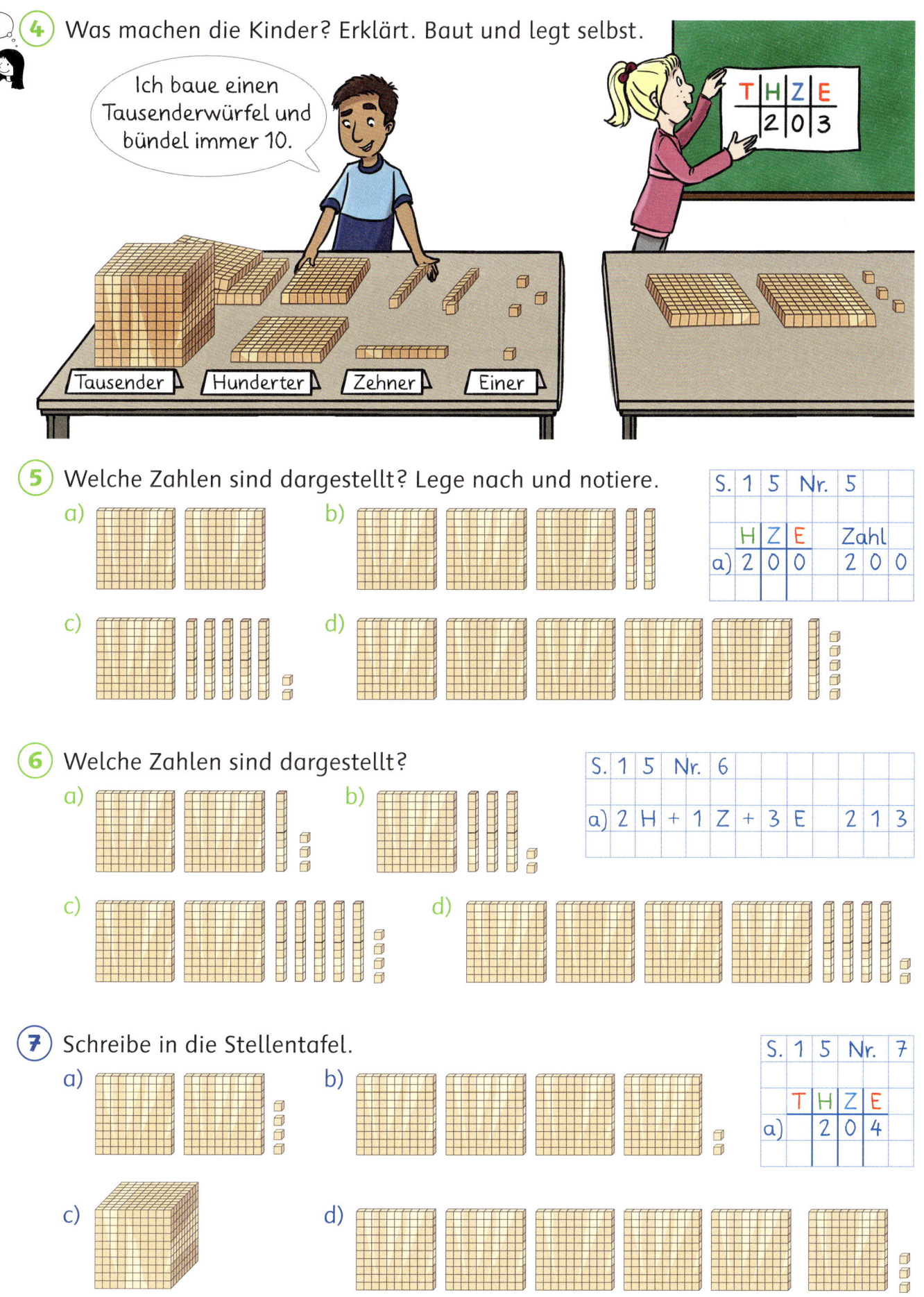

Hunderter, Zehner, Einer

1 Legt, zeichnet und schreibt. Wechselt euch ab.

2 Welche Zahlen sind dargestellt?

a)
b)   c)   d)

3 Zeichne die Zahlbilder und notiere die Zahlen.

a) H Z E / 1 2 3   b) H Z E / 4 2 1   c) H Z E / 3 5 0   d) H Z E / 5 0 4

4 a) Nenne eine Zahl zwischen 100 und 1 000. Dein Partner schreibt die Zahl auf.

b) Schreibe eine Zahl zwischen 100 und 1 000 auf den Rücken deines Partners. Dein Partner nennt die Zahl und schreibt sie auf.

5 Zeichne die Zahlbilder und notiere die Zahlen.

a) zweihundertdreiundvierzig   b) neunhundertdreißig

c) einhundertzweiundsechzig   d) sechshundertacht

6 Schreibe die Zahlwörter.

a) 324   b) 671   c) 745   d) 820   e) 907   f) 1 000

2 und 3 Zahlen bei Bedarf mit Zehner-Systemmaterial legen
5 Bei Bedarf legen 6 Bei Bedarf Zahlen legen und Zahlbild zeichnen
6 f) Zahlwort lautet „eintausend"

7 Vergleiche. Setze im Heft <, > oder = ein.

a) 250 ◯ 25   b) 520 ◯ 320   c) 930 ◯ 920   d) 525 ◯ 525
   81 ◯ 281   650 ◯ 650   460 ◯ 640   768 ◯ 769
   420 ◯ 420   321 ◯ 421   639 ◯ 693   842 ◯ 824

8 Ordne die Zahlen nach der Größe.

a) Beginne mit der kleinsten Zahl.   264   408
   230   842   832   451

b) Beginne mit der größten Zahl.   705
   945   950   731   190   175

S.	1	7	Nr.	8
a)	2	3	0	<

!

Ich lege: [Darstellung: 1 Hunderter, 2 Zehner, 4 Einer]   124

Ich zeichne: ☐ || ::

Ich schreibe: 124

Ich spreche: einhundertvierundzwanzig

124 ist eine dreistellige Zahl. Sie besteht aus den Ziffern 1, 2 und 4.

9 Stellt die Ziffernkarten 2, 4 und 6 her.

a) Legt und schreibt die größtmögliche dreistellige Zahl.
b) Legt und schreibt die kleinstmögliche dreistellige Zahl.
c) Welche dreistelligen Zahlen könnt ihr noch bilden?

Die größte Zahl ist ...

10 Welche Zahlen können es sein?

a) Meine Zahl hat drei Stellen. Sie besteht aus den Ziffern 9, 6 und 0.

b) Meine dreistellige Zahl hat 7 Hunderter und 5 Zehner. Die Ziffer der Einerstelle ist ungerade.

11 „Große Hausnummer": Die größte Zahl gewinnt!

Zeichnet Stellentafeln. Würfelt abwechselnd. Jeder trägt die gewürfelte Augenzahl als Ziffer in seine Stellentafel ein. Wer nach 3 Runden die größte Hausnummer hat, gewinnt. Spielt auch das Spiel „Kleine Hausnummer".

7 bis 10 Bei Bedarf Zahlen legen oder Zahlbild zeichnen

Der Tausenderstreifen

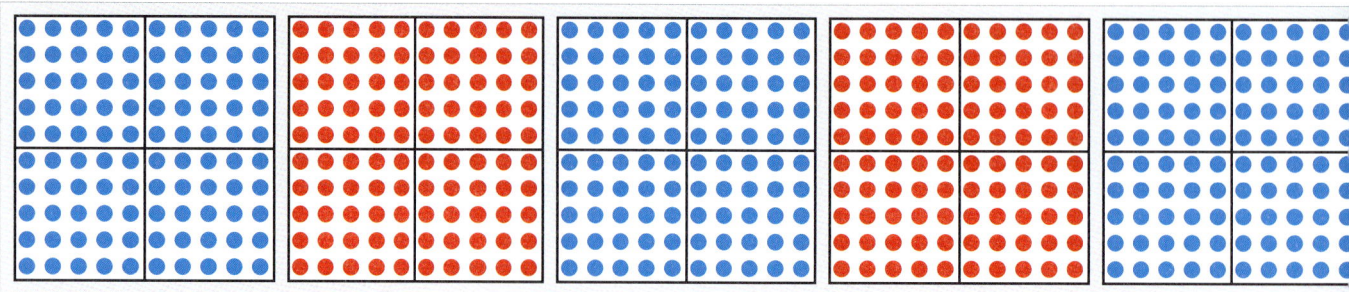

1 Betrachte den Tausenderstreifen.
   a) Wie viele Zeilen und Spalten hat ein Hunderterfeld?
   b) Wie viele Punkte sind in einer Zeile eines Hunderterfeldes?
   c) Wie viele Hunderterfelder siehst du insgesamt?
   d) Warum nennt man alle zehn Hunderterfelder zusammen „Tausenderstreifen"?

2 Nenne die Zahl. Dein Partner zeigt die Zahl.
   a) 100, 200, 300, ... 1000
   b) 1000, 900, 800, ... 0
   c) 0, 200, 400, ... 1000
   d) 900, 700, 500, ... 100
   e) 100, 300, 500, ... 900

3 Zeige und nenne die Zahl. Dein Partner zeigt und nennt das Doppelte.

4 Zeige und nenne die Zahl. Dein Partner zeigt und nennt die Hälfte.

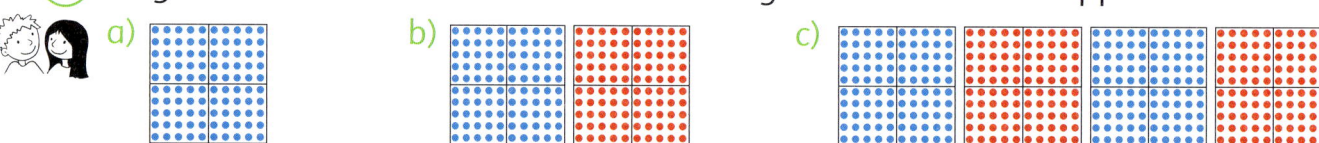

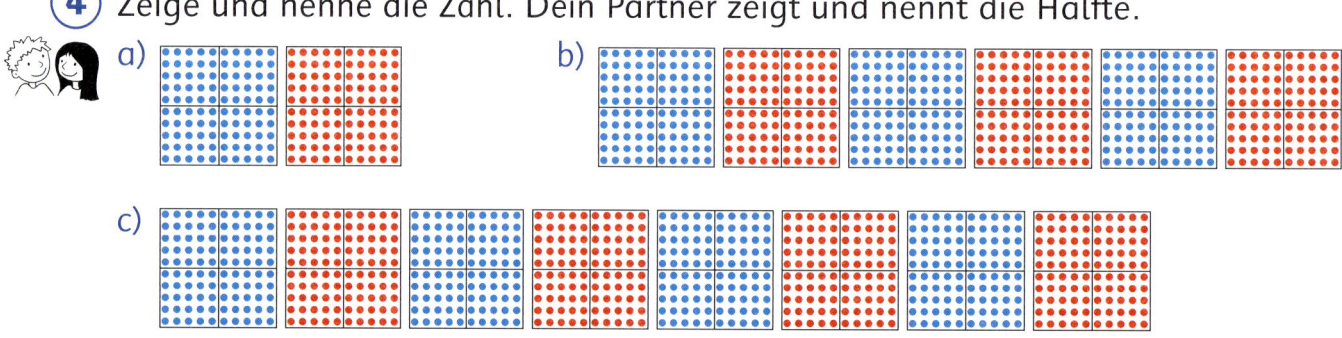

5 Wie viele Punkte sind es? Zeige am Tausenderstreifen.
   a) Ich verdopple 500.
   b) Ich halbiere 600.
   c) Ich halbiere 900.

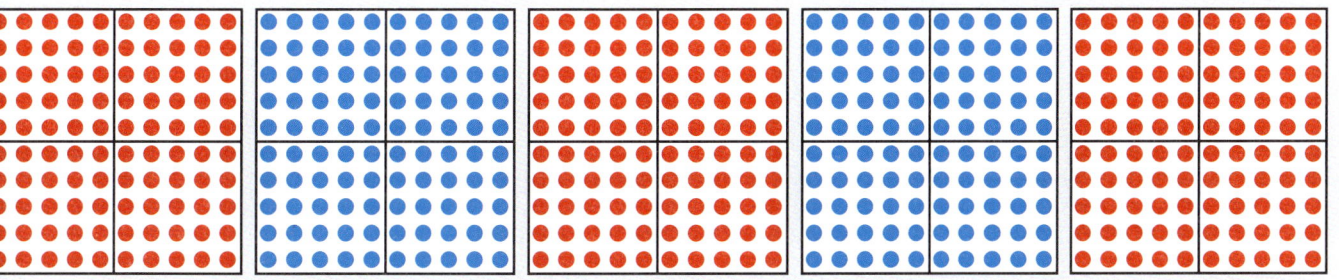

6) Nenne und schreibe eine Zahl zwischen 100 und 1000.
Dein Partner zeigt am Tausenderstreifen. Wechselt euch ab.

7) Zeigt am Tausenderstreifen und setzt die Reihen fort. Wechselt euch ab.
a) 110, 120, 130, … 200   b) 1000, 990, 980, … 900   c) 500, 520, 540, … 700
d) 681, 682, 683, … 690   e) 340, 339, 338, … 330   f) 205, 210, 215, … 250

8) Immer 1000. Ergänze und setze fort. Überprüfe mithilfe des Tausenderstreifens.

a) 100 + ☐   b) 800 + ☐   c) 150 + ☐   d) 950 + ☐
   300 + ☐   600 + ☐   350 + ☐   750 + ☐
   500 + ☐   700 + ☐   550 + ☐   550 + ☐

9) Wie viele Punkte zeigen die Kinder?

Ich zeige 250 Punkte auf dem Tausenderstreifen. — Nina

Ich zeige doppelt so viele Punkte wie Nina. — Lara

Ich zeige halb so viele Punkte wie Nina. — Ali

Ich zeige doppelt so viele Punkte wie Lara. — Simon

Die Tausendertafel

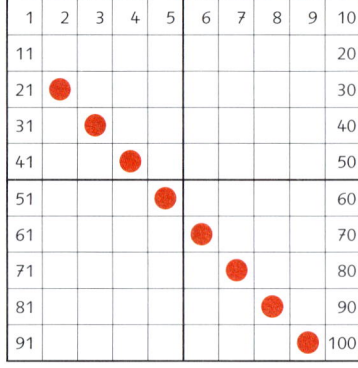

 **1** Betrachtet die Tausendertafel.

a) Zeigt alle Hunderterzahlen. Beschreibt, wo sie stehen.
b) Wo stehen die Zehnerzahlen?
c) Zeigt alle Zahlen, die in den Hundertertafeln links oben stehen. Was haben diese Zahlen gemeinsam?
d) Wie viele Hundertertafeln seht ihr insgesamt?
e) Warum nennt man alle zehn Hundertertafeln zusammen „Tausendertafel"? Erklärt.

 **2** Zeigt die Felder in der Tausendertafel.

a) 5, 105, 205, … 905
b) 41, 141, 241, … 941
c) 50, 150, 250, … 950
d) 91, 191, 291, … 991

3 Nenne eine Zahl zwischen 0 und 1 000. Dein Partner zeigt das Feld in der Tausendertafel. Wechselt euch ab.

a) Welche Zahl steht links von dem Feld?
b) Welche Zahl steht rechts von dem Feld?

 **4** Suche die Zahlen in der Tausendertafel. Notiere Vorgänger und Nachfolger.

a) 329   b) 543
c) 786   d) 670
e) 399   f) 800

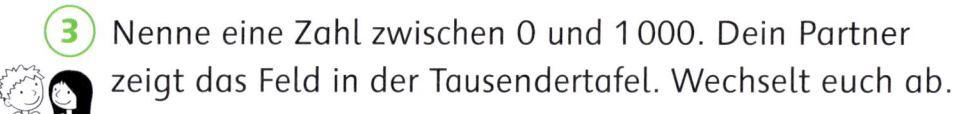

 **5** Bestimme die Zahlen und beschreibe dein Vorgehen. Welche Zahlen gehören …

a) … in die Felder mit den grünen Markierungen?
b) … in die Felder mit den blauen Markierungen?
c) … in die Felder mit den roten Markierungen?

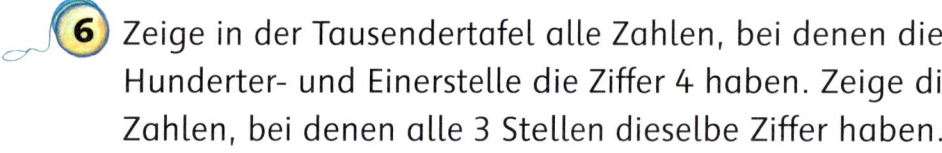

6 Zeige in der Tausendertafel alle Zahlen, bei denen die Hunderter- und Einerstelle die Ziffer 4 haben. Zeige die Zahlen, bei denen alle 3 Stellen dieselbe Ziffer haben.

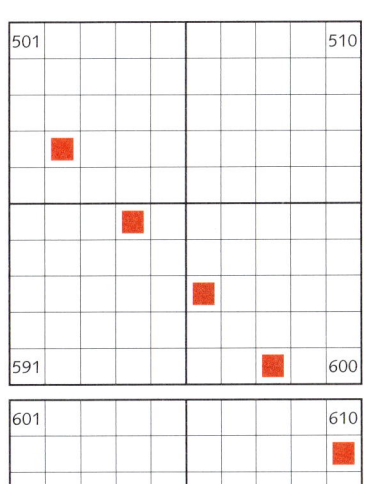
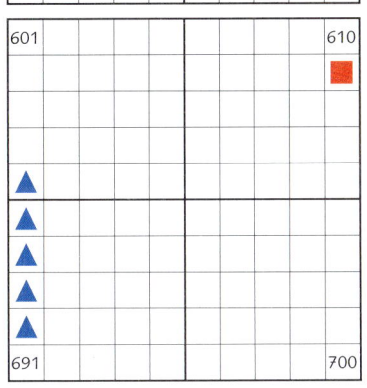
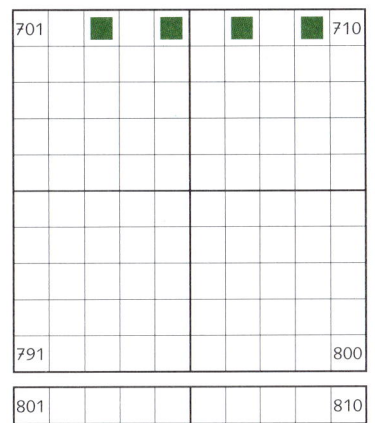
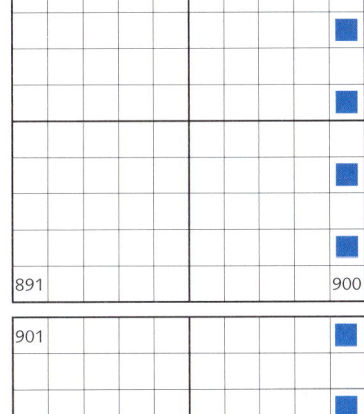
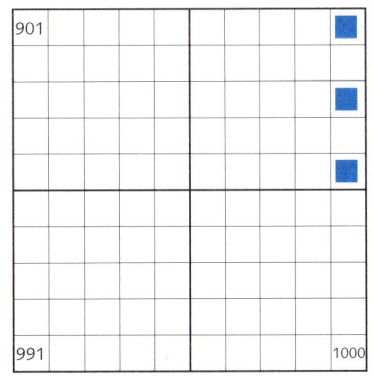

7 Untersuche die Ausschnitte aus der Tausendertafel. Schreibe die fehlenden Zahlen auf.

a)
234	🔴	236
🟡	245	🔵
254	🟢	256

b)
467	🔴	469
🟡	478	🔵
487	🟢	489

S.	2	1	Nr.	7
a) 🔴	2	3	5	🟡

8 a)
🟡	179	🔴
188	189	190
🟢	199	🔵

b)
🟡	356	🔴
365	366	367
🟢	376	🔵

c)
🟡	502	🔴
511	512	513
🟢	522	🔵

9 a)
651	🟡	🔴
661	🟢	🔵
671	672	673

b)
878	879	880
888	🟡	🔴
898	🟢	🔵

c)
🟡	🔴	980
🟢	🔵	990
998	999	1000

10 Ergänze die fehlenden Zahlen im Heft.

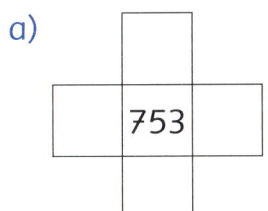 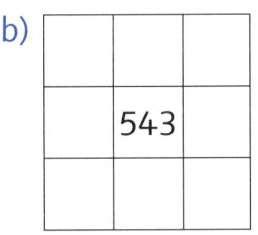 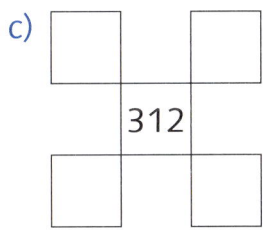

a) 753   b) 543   c) 312

11 Ergänze die fehlenden Zahlen im Heft.

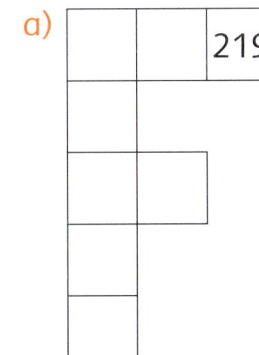 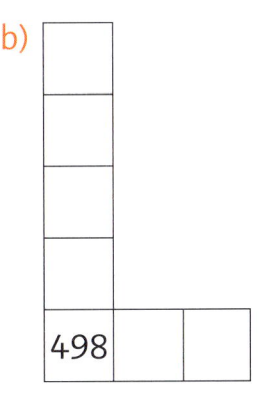 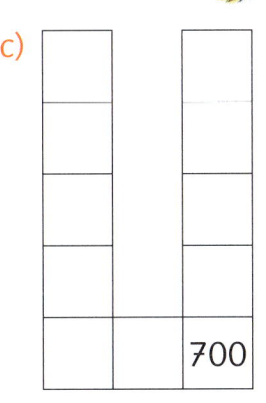

a) 219   b) 498   c) 700

7 bis 11 Erklären, wie die fehlenden Zahlen gefunden werden und wie sich die Zahlen verändern   10 und 11 Zum Eintragen der Zahlen Ausschnitte der Lehrerkopiervorlage verwenden

Der Zahlenstrahl

1 Stelle einen Zahlenstrahl her.

a) Zeichne einen Strich auf einen Papierstreifen. Beschrifte die Enden mit 0 und 1000.

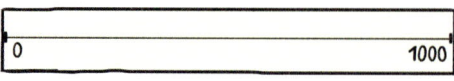

b) Falte den Streifen wie in der Anleitung. Markiere die Faltstellen und trage die passenden Zahlen ein.

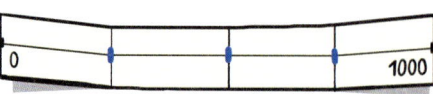

2 Arbeitet mit eurem Zahlenstrahl. Wo ungefähr liegen die Zahlen? Zeigt.

a) 510, 240, 490, 760
b) 1, 251, 999, 700
c) 100, 400, 600, 800

3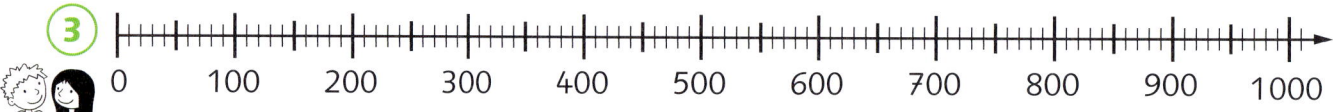

a) Zeigt euch die Zahlen am Zahlenstrahl. Nennt Vorgänger und Nachfolger.
200, 400, 600, 800, 110, 340, 560, 770

b) Zeigt euch die Zahlen am Zahlenstrahl. Notiert die Nachbarhunderter.
150, 350, 450, 850, 240, 580, 610, 790

S. 22 Nr. 3		
b) Nachbar-hunderter	Zahl	Nachbar-hunderter
100	150	200

4

600 — 650 — 700

a) Zeige die Zahlen am Zahlenstrahl. Notiere Vorgänger und Nachfolger.
620, 640, 660, 680, 611, 634, 656, 677

b) Zeige die Zahlen am Zahlenstrahl. Notiere die Nachbarzehner.
615, 635, 645, 685, 624, 658, 661, 679

S. 22 Nr. 4		
b) Nachbar-zehner	Zahl	Nachbar-zehner
610	615	620

5 Vergleiche. Setze im Heft <, > oder = ein.

a) 240 ● 240
410 ● 420

b) 690 ● 640
725 ● 724

c) 720 ● 270
430 ● 340

d) 804 ● 840
953 ● 935

6 Ordne die Zahlen nach der Größe. Notiere im Heft und verwende < oder >.

a) Beginne mit der kleinsten Zahl.

| 654 | 691 | 643 | 619 | 634 |

b) Beginne mit der größten Zahl.

| 678 | 632 | 666 | 623 | 687 |

Euro und Cent

a) Wie viel kosten die Dinge ungefähr? Ordnet zu und begründet.
b) Sucht Gegenstände, die ungefähr so viel kosten. Ordnet sie den Plakaten zu.
c) Wählt einen anderen Geldbetrag aus. Sucht passende Bilder und gestaltet ein Plakat.

② Wie viele Euro sind es?

③ Wie viele Cent sind es?

④ Lege und zeichne.

a) 300 € mit 4 Scheinen
b) 300 € mit 5 Scheinen
c) 300 € mit 6 Scheinen
d) 150 ct mit 5 Münzen
e) 150 ct mit 6 Münzen
f) 150 ct mit 8 Münzen

⑤ Die Sportgeräte werden zum halben Preis verkauft. Wie viel kosten sie jetzt?

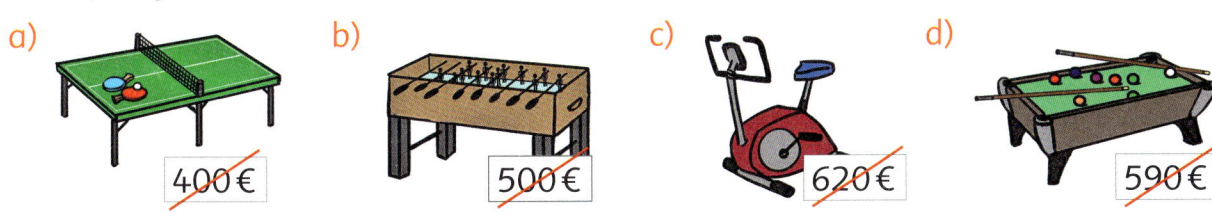

a) 400 €
b) 500 €
c) 620 €
d) 590 €

Sachrechnen: Daten entnehmen und darstellen

1 a) Lest den Bericht. Erklärt das Diagramm.

Berggorillas leben im Osten Afrikas in den Ländern Ruanda, Uganda und dem Kongo. Wilderei, Tierhandel und das Abholzen der Wälder stellen für die Berggorillas eine große Bedrohung dar. Trotz steigender Zahlen ist der Bestand noch immer gefährdet.

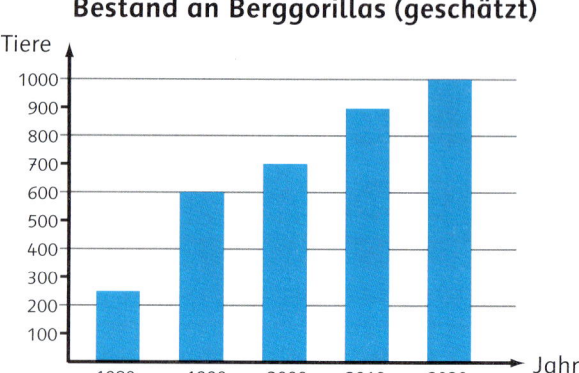

b) Was passt zusammen? Ordnet zu und notiert die Sätze im Heft.

Zwischen 1980 und 1990	ist der Bestand um 100 Tiere gewachsen.
Zwischen 1990 und 2000	ist der Bestand um 200 Tiere gewachsen.
Zwischen 2000 und 2010	ist der Bestand um 350 Tiere gewachsen.

c) Findet weitere Vergleiche und schreibt sie auf.

2 a) Lies den Text.

Der **Amurtiger** ist die größte lebende Katzenart. Er lebt in Nordkorea, China und im sibirischen Teil von Russland. 1930 lebten nur noch etwa 50 Tiere dieser Art in Sibirien. 1950 waren es etwa 100 Tiere und im Jahr 2015 gab es ungefähr 500 dieser Tiger. Tier- und Umweltschutzverbände beschlossen deshalb, dass der Bestand von 2015 bis zum Jahr 2022 verdoppelt werden soll.

b) Notiere die Jahreszahlen und den jeweiligen Bestand in einer Tabelle.

c) Zeichne ein Säulendiagramm in dein Heft. Überlege, wie viel Platz du dafür benötigst.

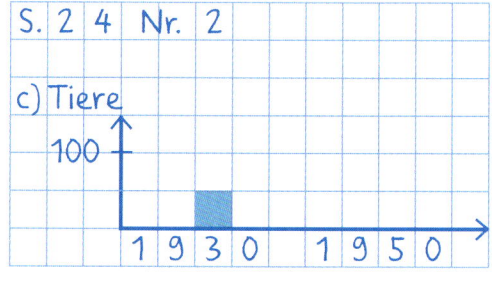

d) Wahr oder falsch? Begründe.

A) Zwischen 1930 und 1950 hat sich der Bestand der Tiger verdoppelt.

B) Zwischen 1950 und 2000 hat sich der Bestand der Tiger verdoppelt.

C) Zwischen 1950 und 2022 hat sich der Bestand der Tiger verzehnfacht.

Wiederholung

1 Welche Zahlen sind dargestellt?

a)    b)

S.	2	5	Nr.	1			
	H	Z	E				
a)	3			3	0	0	+

2 Zeichne die Zahlbilder und notiere die Zahlen.

a) H Z E
   2 3 1

b) H Z E
   5 4 2

c) H Z E
   6 5 0

d) H Z E
   4 0 3

3 Ordne die Zahlen nach der Größe.

a) Beginne mit der kleinsten Zahl. 753 735
430 403 357 537

b) Beginne mit der größten Zahl. 936
250 369 205 963 639

S. 2 5 Nr. 3
a) 3 5 7 <

4 Setze die Reihen fort.

a) 50, 150, 250, ... 950   b) 110, 120, 130, ... 210   c) 650, 649, 648, ... 641

5 Welche Zahlen sind verdeckt?

a) 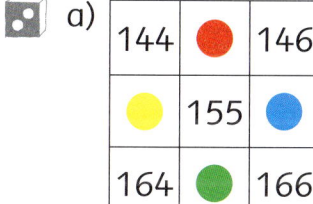   b)    c) 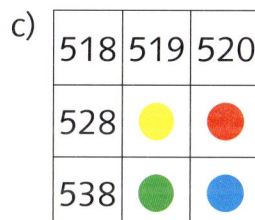   d)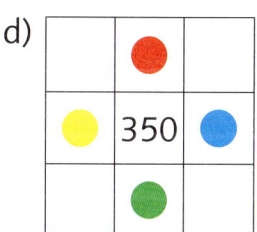

6

400   450   500

a) Zeige die Zahlen am Zahlenstrahl. Notiere Vorgänger und Nachfolger.
   410, 430, 445, 451, 469, 484

b) Zeige die Zahlen am Zahlenstrahl. Notiere die Nachbarzehner.
   415, 425, 439, 464, 472, 496

S. 2 5 Nr. 6			
Vorgänger	Zahl	Nachfolger
a)	4 1 0	

7 Lege und zeichne.

a) 400 € mit 3 Scheinen   b) 400 € mit 5 Scheinen   c) 400 € mit 6 Scheinen

L Schreibe 3 Zahlen zwischen 100 und 1000 in eine Stellentafel.

Geometrische Körper

Geometrische Körper und ihre Eigenschaften

1 Betrachtet die Bilder.

A  B  C

Info

Früher wurden Türme errichtet, um die Umgebung zu beobachten. Später dienten sie auch zum Senden von Signalen (Lichtstrahlen, Glockenläuten, Funkwellen). Aufgrund ihrer Höhe konnten die Signale ungehindert über weite Strecken verbreitet werden.

a) Beschreibt die Türme.
   Welche der folgenden geometrischen Körper entdeckt ihr?

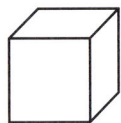   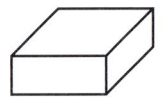   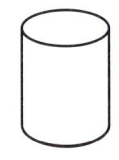         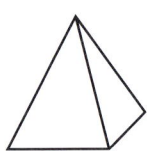

Würfel　　Quader　　Zylinder　　Kugel　　Kegel　　Pyramide

b) Informiert euch über Türme und Gebäude in eurer Umgebung.
   Untersucht ihre Form. Gestaltet eine Präsentation.

2 Jeweils ein Gegenstand passt nicht zu den anderen. Begründet.

a)

b)

c)

d)

3 Schließt die Augen. Lasst euch einen geometrischen Körper geben.
Nennt seinen Namen und beschreibt seine Form.

④ Betrachtet die Körpermodelle.

A  B  C  D  E  F

Vollmodelle **Kantenmodelle**

a) Wie wurden die Modelle hergestellt? Beschreibt.
b) Warum wurde von einigen Körpern ein Vollmodell, von anderen ein Kantenmodell hergestellt? Erklärt.
c) Stellt selbst Körpermodelle her und gestaltet eine Ausstellung.

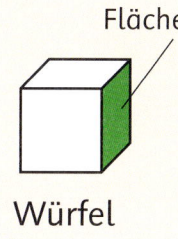 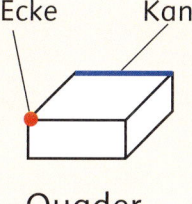 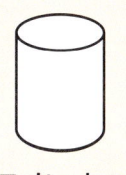  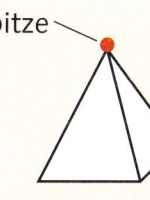

Würfel — Quader — Zylinder — Kugel — Kegel — Pyramide

(Fläche, Ecke, Kante, Spitze)

⑤ Wählt einen geometrischen Körper aus. Erstellt einen Steckbrief und präsentiert ihn.

a) Wie viele Ecken hat der Körper?
b) Wie viele Kanten hat er?
c) Wie viele Flächen hat er?
d) Hat der Körper eine Spitze?

> Steckbrief: Würfel
> Ecken: 8
> Kanten: 12
> Flächen: 6
> Besonderheit: Alle Flächen sind gleich große Quadrate.

⑥ Welche zwei Körper können es sein?

a) Sie haben 12 Kanten.
b) Sie haben eine Spitze.
c) Sie haben keine Ecken.
d) Sie haben 6 Flächen.

⑦ Erstellt ein Quartettspiel.

– Verteilt 24 Karten.
– Immer 4 Karten ergeben ein Quartett.
– Gebt reihum eine Karte weiter, die ihr nicht benötigt.
– Wer ein Quartett hat, darf es ablegen.

Ansichten von Körpern

a) Beschreibt das Bauwerk.

b) Die Kinder haben gezeichnet. Ordnet die Ansichten den Kindern zu.

A  B  C  D

c) Stellt eigene Bauwerke her. Betrachtet und zeichnet sie von verschiedenen Seiten.

② Betrachte die Bauwerke.

1 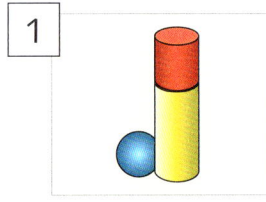 2 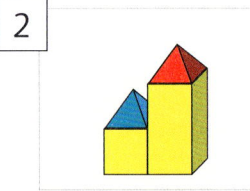 3 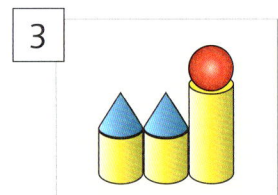 4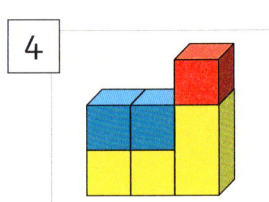

a) Die Ansichten zeigen die Bauwerke von vorn. Ordne zu.

A 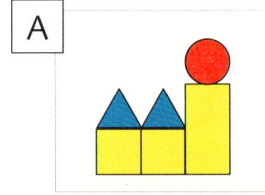 B 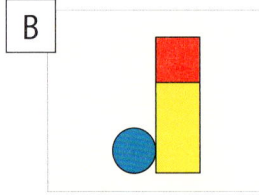 C 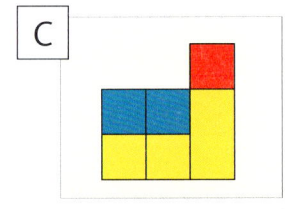 D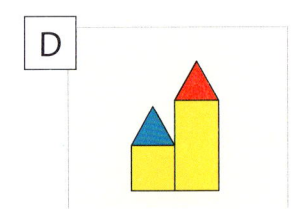

b) Die Ansichten zeigen die Bauwerke von oben. Ordne zu.

E 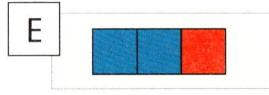 F 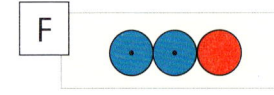 G 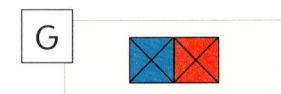 H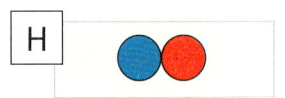

c) Wähle zwei der Bauwerke aus. Zeichne die Ansichten von links und von rechts.

Würfelgebäude

1 Nils baut ein Würfelgebäude nach Plan. Wie geht er vor? Erklärt.

2 Ordnet die Pläne den Gebäuden zu. Baut die Gebäude nach.

a) 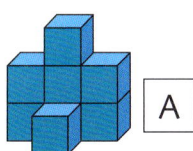   b) 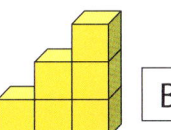   c) 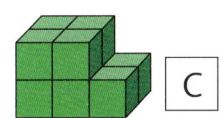   d)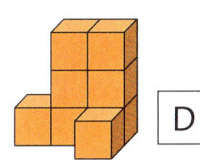

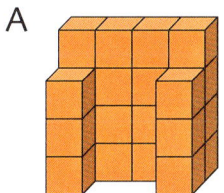 A   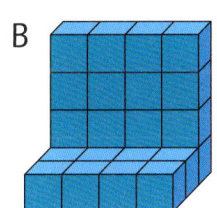 B   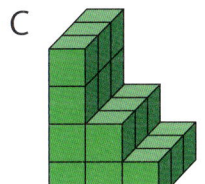 C   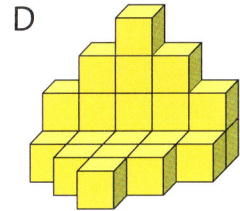 D

3 Ergänzt die Gebäude von Aufgabe 2 im Kopf zu einem Würfel. Wie viele kleine Würfel fehlen noch? Wie geht ihr vor? Überprüft.

4 Baue die Gebäude nach.

A   B   C   D

a) Zeichne die Baupläne in dein Heft.

b) Stelle dir vor, die Gebäude kippen nach hinten. Wie würden jetzt die Baupläne aussehen? Zeichne sie in dein Heft.

5 Setze immer zwei Gebäude zu einem Würfel zusammen.

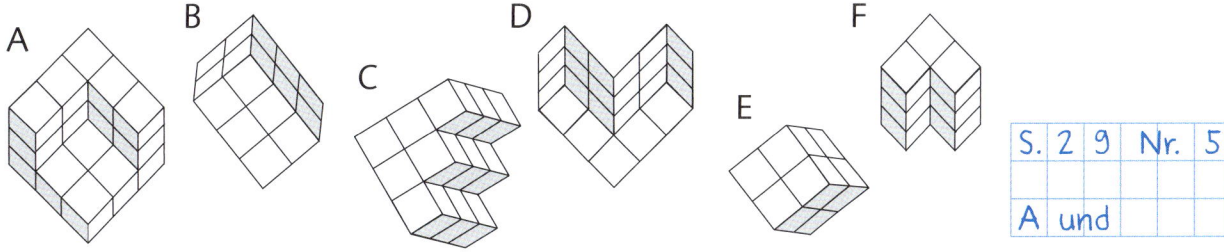

S.	2	9	Nr.	5
A	und			

Würfelnetze und Quadernetze

1 Nino und Sulola stellen Würfelnetze her. Erzählt.

a) Stellt die Würfelnetze A und B her und faltet sie zu einem Würfel zusammen.

b) Stellt weitere Würfelnetze her.

2 Welche Figuren sind Würfelnetze? Überprüft.

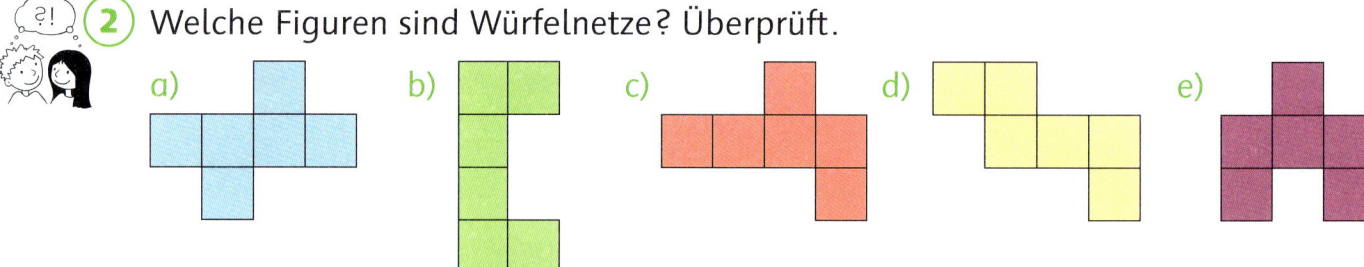

a) b) c) d) e)

> ❗ Klappt man einen Würfel auseinander, so erhält man das Netz des Würfels.
>
>
>
> Aus einem Würfelnetz lässt sich ein Würfel falten.

3 Übertrage die Würfelnetze in dein Heft.
Färbe gegenüberliegende Flächen in derselben Farbe.

a) b) c) d)

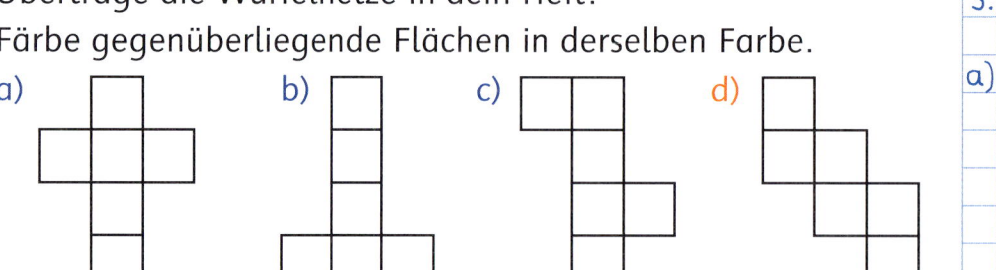

1 Figuren zeichnen, ausschneiden und zusammenklappen oder starke Pappe für einzelne Quadrate verwenden, die mit Klebestreifen wieder neu zusammengesetzt werden können; möglichst viele Netze finden   2 und 3 Bei Bedarf die Figuren herstellen

4 Aus welchem Netz könnte der Würfel entstanden sein?

 A  B  C

5 Die Quader wurden aufgeschnitten und aufgeklappt.
Welches Quadernetz gehört zu welchem Quader? Ordne zu.

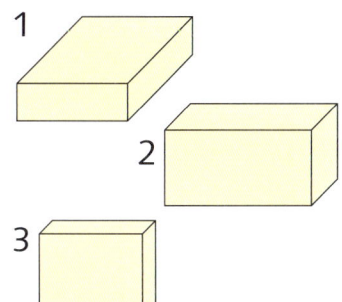 A 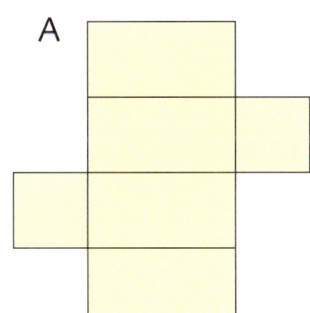 B 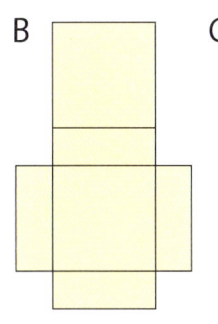 C

6 Welche Figuren sind Quadernetze? Begründet.

a) 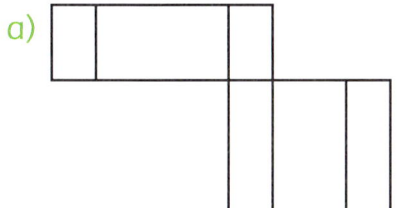   b) 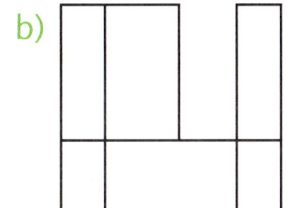   c)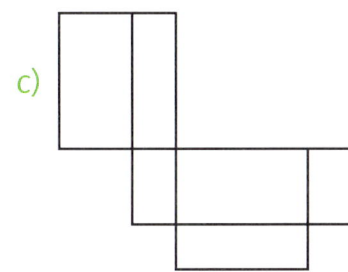

7 Die gegenüberliegenden Flächen des Quaders haben dieselbe Farbe.
Zeichne die Netze in dein Heft und färbe die Flächen.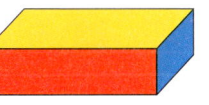

a) 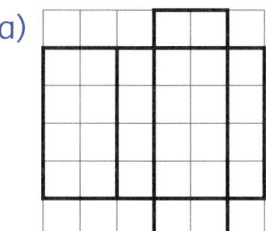   b) 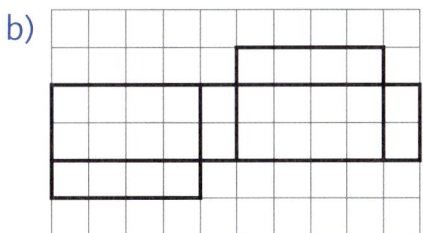   c)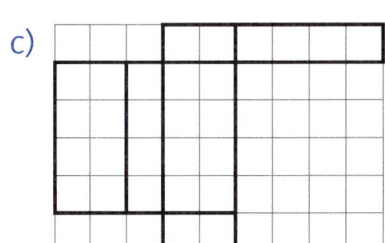

8 Übertrage die Figuren in dein Heft und ergänze sie zu Quadernetzen.
Färbe gegenüberliegende Flächen in derselben Farbe.

a) 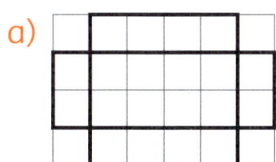   b)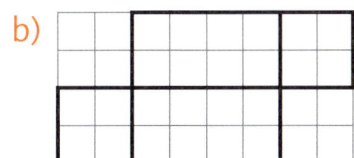

Es gibt unterschiedliche Lösungen.

Wiederholung

1) Welcher Körper kann es sein? Der Körper hat ...

a) ... nur eine Fläche.   b) ... nur eine Kante.

c) ... 2 Kanten.   d) ... 4 Ecken und eine Spitze.

2) Betrachte die Bauwerke.

1	2	3	4
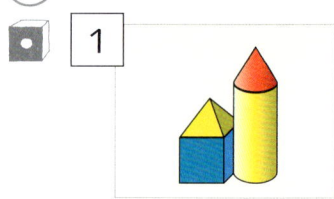	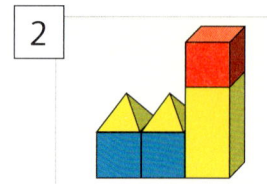	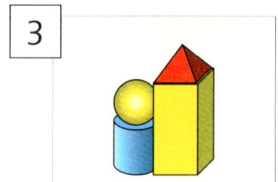	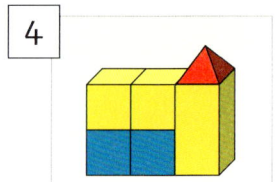

a) Die Ansichten zeigen die Bauwerke von vorn. Ordne zu.

A	B	C	D
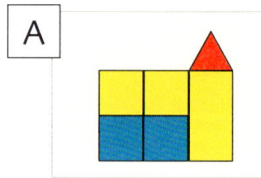	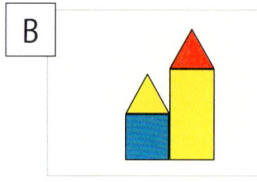	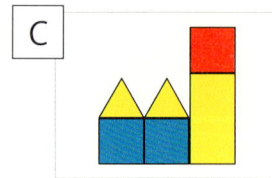	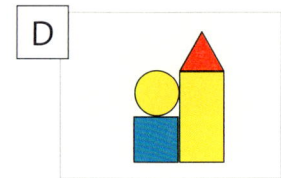

b) Zeichne die Ansichten der Bauwerke von oben.

3) Baue die Würfelgebäude nach. Zeichne die Baupläne.

a) 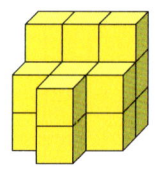   b)    c) 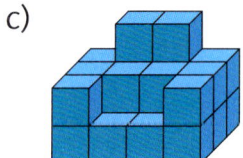   d)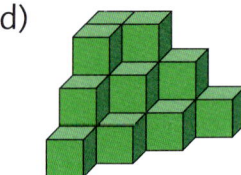

4) Welche Figuren sind Würfelnetze?

a) 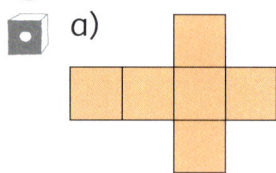   b) 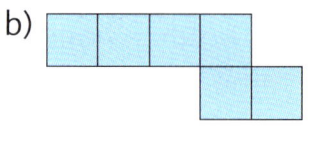   c) 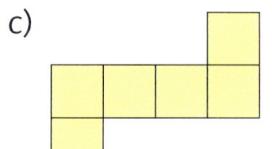   d)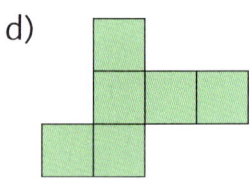

5) Welche Figuren sind Quadernetze?

a) 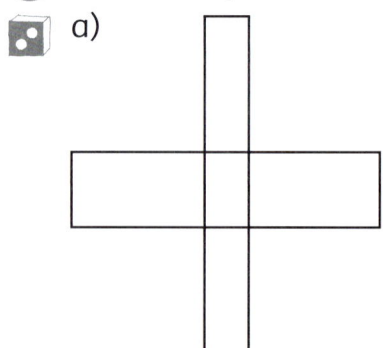   b) 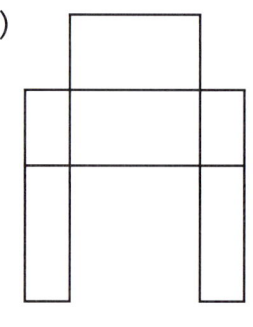   c) 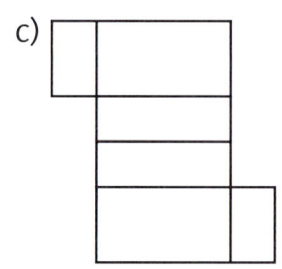   d)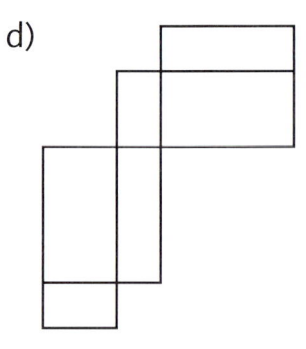

Zeichne ein Würfelnetz oder ein Quadernetz in dein Lerntagebuch.

Knobelseite: Rund um den Würfel

① Untersuche einen Spielwürfel und ergänze die Aussagen der Kinder.

a) Addiert man die Augenzahlen der gegenüberliegenden Flächen, erhält man …

b) Addiert man die Augenzahlen der sechs Seitenflächen, erhält man …

c) Die Augenzahl der unten liegenden Fläche lässt sich bestimmen, indem man …

② Die Spielwürfel werden jeweils auf die grauen Flächen gekippt. Welche Augenzahl liegt nach dem Kippen zum Schluss oben?

a) 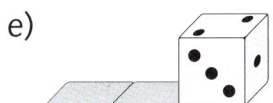 b)  c) 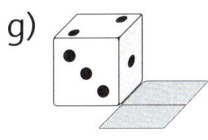 d)

e) 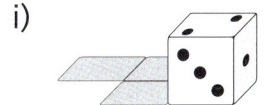 f)  g)  h)

i)  k)  l) 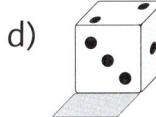 m)

③ Die Kinder legen zwei Würfel zusammen. Berechne die Summe der sichtbaren Augenzahlen. Wie gehst du vor?

a)  b) 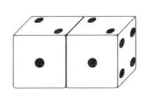 c)

④ Immer drei Würfel werden zusammengelegt. Bei welcher Figur ist die Anzahl der sichtbaren Augen am größten?

a) 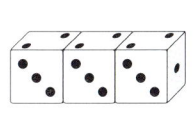  b) 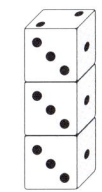 c)

2 Bei Bedarf mit einem Würfel arbeiten
3 und 4 Vorgehen beschreiben und begründen

Addieren und subtrahieren bis 1000

Stationen: Einfaches Addieren und Subtrahieren

1. Station:
Zahlen legen, malen, schreiben

2. Station:
Nachbarzehner und Nachbarhunderter

1. Station: Zahlenpaar finden (Analogien), Zahlen mit Material und Zahlbild darstellen; Zahlzerlegung bewusst machen **2. Station:** Zahlen am Zahlenstrahl zeigen, Nachbarhunderter und Nachbarzehner zeigen, nennen und in Tabelle notieren

Addieren ohne Hunderterübergang

1 Die Kinder lösen die Aufgabe unterschiedlich. Erklärt.

Die Aussichts-Plattform des Testturms in Rottweil ist 232 m hoch.
Die höchste Aussichts-Plattform des Eiffelturms in Paris ist 44 m höher.

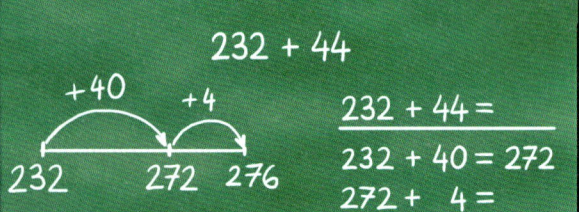

232 + 44

232 + 44 =
232 + 40 = 272
272 + 4 =

Simon   Ali

Lara

2 Wie rechnet ihr? Erklärt.

a) 120 + 12
432 + 16
335 + 4

b) 225 + 24
536 + 43
402 + 56

c) 129 + 6
630 + 65
436 + 36

d) 748 + 14
347 + 37
605 + 58

e) 303 + 77
567 + 33
948 + 52

132, 135, 249, 339, 380, 384, 448, 458, 472, 579, 600, 663, 695, 762, 1000

3

TIPP
325 + 39 = 364,
denn
325 + 40 = 365

a) 325 + 39
562 + 19
453 + 29

b) 616 + 49
534 + 19
242 + 39

c) 415 + 79
608 + 29
327 + 69

281, 364, 396, 482, 494, 553, 581, 637, 665

4 Rechne und setze die Aufgabenreihen fort.

a) 34 + 17
34 + 27
34 + 37

b) 145 + 20
145 + 18
145 + 16

c) 16 + 16
116 + 16
216 + 16

d) 38 + 23
38 + 223
38 + 423

e) 54 + 19
154 + 119
254 + 219

5 Bilde Aufgabenreihen zu 28 + 15, 47 + 24 und 56 + 38.

⑥ Löse die Aufgaben. Erkläre dein Vorgehen.

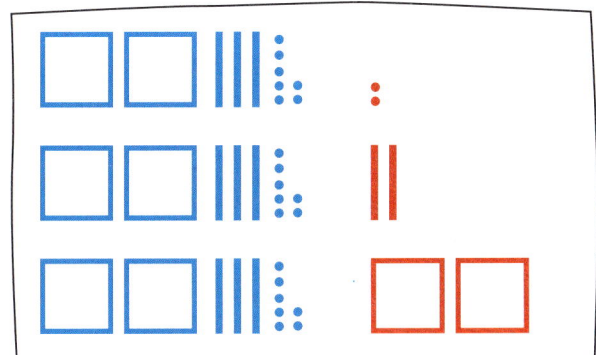

a) 237 + 2
 237 + 20
 237 + 200

b) 313 + 6
 313 + 60
 313 + 600

c) 458 + 3
 458 + 30
 458 + 300

d) 349 + 4
 349 + 40
 349 + 400

⑦ Wie löst ihr diese Aufgaben? Erklärt.

a) 430 + 250
 250 + 210
 370 + 220
 440 + 330

b) 115 + 120
 240 + 145
 430 + 255
 580 + 315

c) 362 + 118
 746 + 215
 623 + 358
 467 + 326

Addition
+

160 + 35 = 195
Summe Summe

Ich addiere 160 und 35.

⑧ a) 258 + 5
 258 + 25
 258 + 125
 258 + 325

b) 213 + 600
 185 + 400
 403 + 460
 409 + 250

c) 250 + 250
 449 + 450
 422 + 322
 344 + 545

d) 235 + 15
 243 + 17
 306 + 46
 518 + 73

e) 402 + 588
 608 + 129
 753 + 199
 445 + 555

250, 260, 263, 283, 352, 383, 500, 583, 585, 591, 659, 737, 744, 813, 863, 889, 899, 952, 990, 1 000

⑨ Ordne zu. Bilde weitere passende Additionsaufgaben.

 273
 275
 285

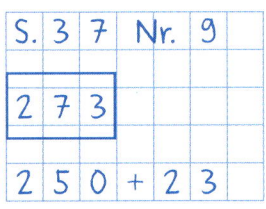

| 250 + 23 | 156 + 119 | 263 + 22 | 206 + 67 | 270 + 5 | ▨ + ▨ |
| 234 + 39 | 243 + 32 | 145 + 140 | 200 + 85 | 269 + 6 | ▨ + ▨ |

Subtrahieren ohne Hunderterübergang

1 Die Kinder lösen die Aufgabe unterschiedlich. Erklärt.

2 Wie rechnet ihr? Erklärt.

a) 456 − 16	b) 155 − 23	c) 742 − 4	d) 445 − 39	e) 300 − 65
324 − 12	650 − 45	389 − 49	252 − 48	876 − 28
125 − 3	348 − 24	453 − 35	685 − 79	594 − 37

122, 132, 204, 235, 312, 324, 340, 406, 418, 440, 557, 605, 606, 738, 848

3

TIPP
345 − 29 = 316,
denn
345 − 30 = 315

a) 345 − 29	b) 252 − 39	c) 590 − 49
463 − 39	546 − 29	666 − 59
570 − 19	681 − 69	324 − 19

213, 305, 316, 424, 517, 541, 551, 607, 612

4 Rechne und setze die Aufgabenreihen fort.

a) 73 − 14	b) 145 − 20	c) 34 − 17	d) 62 − 25	e) 83 − 36
73 − 24	145 − 18	134 − 17	262 − 25	183 − 136
73 − 34	145 − 16	234 − 17	462 − 25	283 − 236

5 Bilde Aufgabenreihen zu 32 − 16, 53 − 28 und 74 − 37.

6 Löse die Aufgaben. Erkläre dein Vorgehen.

a) 543 − 2
543 − 20
543 − 200

b) 675 − 5
675 − 50
675 − 500

c) 751 − 4
751 − 40
751 − 400

d) 862 − 6
862 − 60
862 − 600

7 Wie löst ihr diese Aufgaben? Erklärt.

a) 165 − 160
243 − 240
481 − 480
359 − 350

b) 140 − 134
360 − 358
270 − 267
550 − 542

c) 170 − 160
420 − 410
360 − 340
680 − 660

Ich ergänze, wenn die Zahlen nahe beieinander sind.

Subtraktion
−

240 − 25 = 215
Differenz   Differenz

Von 240 subtrahiere ich 25.

8
a) 532 − 4
532 − 24
532 − 124
532 − 324

b) 245 − 200
750 − 120
469 − 409
384 − 364

c) 222 − 111
650 − 325
584 − 342
866 − 633

d) 356 − 36
783 − 25
962 − 34
474 − 57

e) 465 − 206
573 − 327
610 − 199
820 − 799

20, 21, 45, 60, 111, 208, 233, 242, 246, 259, 320, 325, 408, 411, 417, 508, 528, 630, 758, 928

9 Ordne zu. Bilde weitere passende Subtraktionsaufgaben.

  369

180 − 55
250 − 125

500 − 254   380 − 11   253 − 7   396 − 27
475 − 106   225 − 100   286 − 40   769 − 400

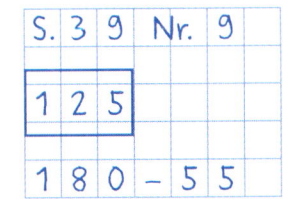

S. 3 9 Nr. 9
1 2 5
1 8 0 − 5 5

Addieren mit Hunderterübergang

1 Die Kinder lösen die Aufgabe unterschiedlich. Erklärt.

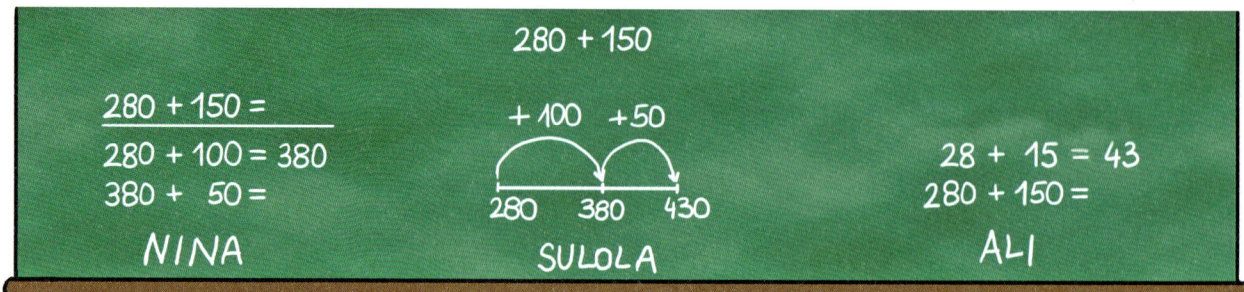

Simon: „Ich schiebe zuerst die Hunderter zusammen."

Lara: „Ich sehe: 80 und 50 sind …"

2 Wie rechnet ihr? Erklärt.

a) 190 + 120	b) 270 + 150	c) 275 + 130	d) 298 + 204	e) 187 + 142
290 + 140	380 + 230	590 + 215	197 + 306	452 + 376
390 + 160	460 + 480	283 + 350	596 + 208	674 + 263

310, 329, 405, 420, 430, 502, 503, 550, 610, 633, 804, 805, 828, 937, 940

3
a) 397 + 5	b) 594 + 8	c) 374 + 60	d) 286 + 31
397 + 15	594 + 18	180 + 25	764 + 53
397 + 35	594 + 58	460 + 93	652 + 75

205, 317, 402, 412, 432, 434, 553, 602, 612, 652, 727, 817

4
a) 357 + 80	b) 472 + 36	c) 390 + 340	d) 260 + 260	e) 397 + 104
870 + 40	353 + 74	440 + 290	263 + 263	295 + 407
560 + 60	761 + 87	150 + 670	370 + 370	504 + 398

5 Bilde Additionsaufgaben zu den Umschlägen. 450   540

Rechnen in Schritten

RECHENSTRATEGIE

Zuerst die Hunderter dazu, dann die Zehner dazu.

$380 + 240 = 620$

denn $380 + 200 = 580$
$580 + 40 = 620$

Zuerst die Hunderter weg, dann die Zehner weg.

$620 - 240 = 380$

denn $620 - 200 = 420$
$420 - 40 = 380$

© 2019 Cornelsen Verlag GmbH, Berlin
Alle Rechte vorbehalten.

6 a) 280 + 130 b) 390 + 130 c) 155 + 150 d) 263 + 180 e) 183 + 229
280 + 230   180 + 240   285 + 120   370 + 276   218 + 393
280 + 330   470 + 160   365 + 240   445 + 282   577 + 336
380 + 330   590 + 220   475 + 360   531 + 294   755 + 157

 305, 405, 410, 412, 420, 443, 510, 520, 605, 610, 611, 630, 646, 710, 727, 810, 825, 835, 912, 913

7 Rechne zuerst die Aufgaben ohne Hunderterübergang.

a) 250 + 120   240 + 180   b) 380 + 420   170 + 260
470 + 345   590 + 82   670 + 90   240 + 75
350 + 350   267 + 30   565 + 250   680 + 200

250 + 120 hat keinen Hunderterübergang.

8 Wie löst ihr diese Aufgaben? Erklärt und bildet eigene Aufgaben.

a) 155 + 49   b) 260 + 199   c) 373 + 190
386 + 89   250 + 299   257 + 290
255 + 59   185 + 398   446 + 390
435 + 78   370 + 597   375 + 480

TIPP
$373 + 190 = 563$,
denn
$373 + 200 = 573$

Subtrahieren mit Hunderterübergang

1 Die Kinder lösen die Aufgabe unterschiedlich. Erklärt.

Simon: "Zuerst zwei Zehner weg, dann ..."

Lara

Nina

2 Wie rechnet ihr? Erklärt.

a) 210 – 120	b) 320 – 130	c) 360 – 180	d) 520 – 125	e) 335 – 255
310 – 140	440 – 150	520 – 260	705 – 210	827 – 357
410 – 160	530 – 170	450 – 230	408 – 320	528 – 236

 80, 88, 90, 170, 180, 190, 220, 250, 260, 290, 292, 360, 395, 470, 495

3
a) 410 – 30	b) 320 – 50	c) 235 – 45	d) 330 – 55
416 – 30	320 – 55	738 – 58	450 – 69
616 – 30	320 – 57	567 – 87	840 – 73

 190, 263, 265, 270, 275, 380, 381, 386, 480, 586, 680, 767

4
a) 324 – 30	b) 520 – 45	c) 330 – 260	d) 210 – 135	e) 524 – 354
849 – 60	730 – 54	620 – 340	907 – 420	776 – 485
256 – 80	660 – 82	760 – 590	810 – 790	863 – 691

5 Bilde Subtraktionsaufgaben zu den Umschlägen.

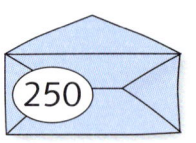 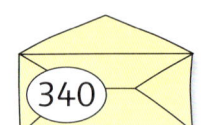

Rechnen in Schritten

RECHENSTRATEGIE

Zuerst die Hunderter dazu, dann die Zehner dazu.

$$380 + 240 = 620$$
denn $380 + 200 = 580$
$580 + 40 = 620$

Zuerst die Hunderter weg, dann die Zehner weg.

$$620 - 240 = 380$$
denn $620 - 200 = 420$
$420 - 40 = 380$

© 2019 Cornelsen Verlag GmbH, Berlin
Alle Rechte vorbehalten.

6
a) 530 − 150　　b) 330 − 140　　c) 510 − 470　　d) 465 − 270　　e) 710 − 14
　 530 − 250　　　 740 − 250　　　 650 − 390　　　 535 − 350　　　 320 − 35
　 530 − 350　　　 510 − 360　　　 720 − 470　　　 473 − 180　　　 540 − 55
　 830 − 350　　　 620 − 350　　　 930 − 590　　　 838 − 360　　　 430 − 48

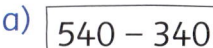 40, 150, 180, 185, 190, 195, 250, 260, 270, 280, 285, 293, 340, 380, 382, 478, 480, 485, 490, 696

7 Rechne zuerst die Aufgaben ohne Hunderterübergang.

a) 540 − 340　　630 − 250　　b) 620 − 240　　450 − 190
　 625 − 290　　500 − 270　　　 680 − 471　　282 − 170
　 560 − 360　　317 − 147　　　 550 − 265　　760 − 650

540 − 340 hat keinen Hunderterübergang.

8 Wie löst ihr diese Aufgaben? Erklärt und bildet eigene Aufgaben.

a) 151 − 149　　b) 203 − 190　　c) 120 − 49
　 304 − 294　　　 432 − 399　　　 230 − 69
　 505 − 495　　　 302 − 295　　　 545 − 99
　 263 − 258　　　 705 − 597　　　 655 − 98

Ich ergänze, wenn beide Zahlen nahe beieinander sind.

Strategiekarte „Rechnen in Schritten" einführen
8 Weitere Lösungswege erkennen, erklären und anwenden

Arbeitsheft S. 24

Überschlagsrechnung

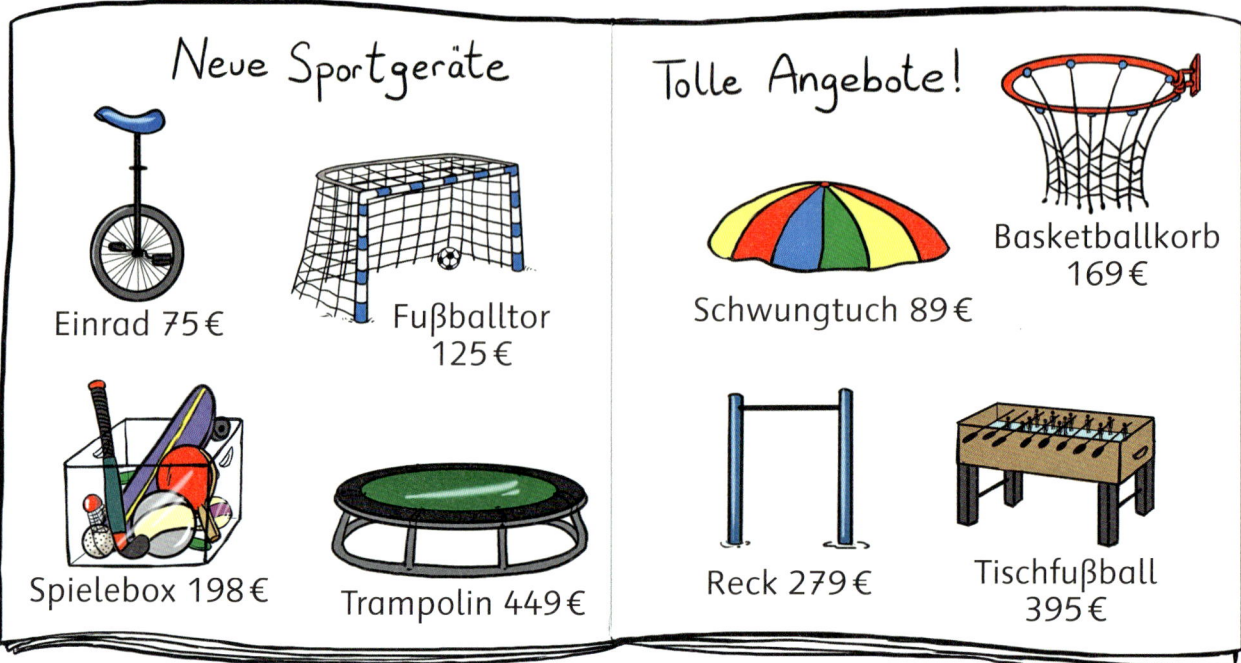

① Wie viel Geld muss man für das Fußballtor und den Basketballkorb zusammen ungefähr bezahlen? Lisa und Nino überschlagen. Erklärt.

Ich rechne mit Hunderterzahlen. Das geht schnell.

Lisa:
100 + 200 = 300

Nino:
130 + 170 = 300

Ich rechne mit Zehnerzahlen.

② Überschlagt den Gesamtpreis.
Rechnet einmal wie Lisa und einmal wie Nino.

a)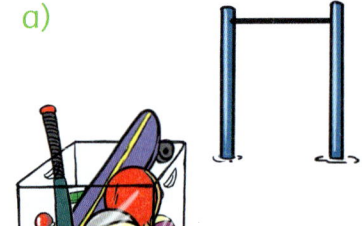

b)

Info

Oft reicht es, das Ergebnis einer Rechnung nur ungefähr anzugeben. Man verändert die Zahlen so, dass man leicht im Kopf rechnen kann. Das nennt man **Überschlagsrechnung**.

③ Die Schule hat eine Spende von 1 000 € erhalten. Sie möchte dafür Sportgeräte kaufen. Finde mehrere Möglichkeiten mithilfe einer Überschlagsrechnung.

Überschlagsrechnung

STRATEGIE

Einen Überschlag nutzt man, um Ergebnisse abzuschätzen.

Man verändert die Zahlen so, dass man leicht im Kopf rechnen kann.

Es gibt verschiedene Möglichkeiten für den Überschlag:

418 + 74
Ü: 400 + 100
Ü: 420 + 70
...

© 2019 Cornelsen Verlag GmbH, Berlin
Alle Rechte vorbehalten.

4 Überschlage zuerst. Rechne dann genau und vergleiche beide Ergebnisse.

a) 111 + 78   b) 263 + 404   c) 548 + 42
   355 + 33   347 + 353   234 + 199

d) 82 − 16   e) 751 − 749   f) 444 − 33
   267 − 47   478 − 205   518 − 399

```
S. 4 5   Nr. 4
a) Ü: 1 0 0 + 1 0 0 = 2 0 0
   R: 1 1 1 +     7 8 =
```

5 Welches Ergebnis könnte stimmen? Überschlage und überlege.

a) 242 + 74   b) 235 + 395   c) 528 − 183   d) 424 − 190

| 216 | 296 | 316 | | 530 | 630 | 720 | | 245 | 345 | 445 | | 206 | 230 | 234 |

6 Welche Überschlagsrechnung passt zu welcher Aufgabe?
Welchen Überschlag hättet ihr jeweils gewählt?

A Ü: 100 + 300 + 200

a) 89 + 193 + 125   B Ü: 90 + 200 + 100   C Ü: 90 + 190 + 130

b) 85 + 279 + 159   D Ü: 90 + 280 + 160

7 Bei welchen Aufgaben macht ein Überschlag Sinn? Begründet und löst.

a) Tim hat 200 € gespart. Er wünscht sich ein Einrad und einen Basketballkorb. Reicht das Geld?

b) Die Astrid-Lindgren-Schule bestellt ein Reck und ein Trampolin. Wie viel Geld muss die Schule überweisen?

Rechnen mit Geld: Kommaschreibweise

Info

Kommazahlen
Das Komma trennt Euro und Cent.

2,50 € = 2 € 50 ct = 250 ct
Sprechweisen:
– zwei Euro und fünfzig Cent
– zwei Euro fünfzig

2,05 € = 2 € 5 ct = 205 ct
zwei Euro und fünf Cent

1 a) Nenne einen Preis. Dein Partner nennt dazu die passende Backware.
b) Nenne eine Backware. Dein Partner nennt dazu den passenden Preis.
c) Legt die Preise mit Rechengeld.
d) Ordnet die Beträge. Beginnt mit dem kleinsten Preis.

S. 4 6 Nr. 1
d) 0, 5 0 €,

2 Wie viel Geld ist es? Schreibe als Euro und Cent.

a)  b)  c)

S. 4 6 Nr. 2
a) 2 € 1 0 ct

3 Schreibe mit Komma.

a) 1 € 35 ct   b) 10 € 80 ct   c) 245 ct   d) 25 ct
   3 € 70 ct   15 € 65 ct   520 ct   60 ct
   2 € 5 ct   15 € 5 ct   405 ct   5 ct

S. 4 6 Nr. 3
a) 1 € 3 5 ct = 1, 3 5 €

4 Schreibe als € und ct.

a) 4,15 €   b) 25,60 €   c) 0,85 €   d) 400 ct
   2,80 €   30,75 €   0,90 €   240 ct
   1,05 €   22,05 €   0,10 €   75 ct

S. 4 6 Nr. 4
a) 4, 1 5 € = 4 € 1 5 ct

Übungen zur Addition und Subtraktion

1
a) 240 + 30
560 + 40
650 + 80
440 + 90

b) 120 + 57
380 + 22
570 + 45
740 + 84

c) 232 + 60
475 + 80
641 + 27
370 + 69

d) 360 + 220
510 + 190
450 + 340
230 + 480

e) 270 + 180
640 + 207
333 + 390
590 + 165

177, 270, 292, 402, 439, 450, 530, 555, 580, 600, 615, 668, 700, 710, 723, 730, 755, 790, 824, 847

2
a) 160 − 20
350 − 50
210 − 30
340 − 80

b) 360 − 24
270 − 75
420 − 63
540 − 59

c) 184 − 50
267 − 70
376 − 66
452 − 99

d) 460 − 240
530 − 130
380 − 270
770 − 480

e) 340 − 180
520 − 305
408 − 205
675 − 380

110, 134, 140, 160, 180, 195, 197, 203, 215, 220, 260, 290, 295, 300, 310, 336, 353, 357, 400, 481

3 Welche Zahlen fehlen? Ergänze im Heft.

a) 240 + ▨ = 400
365 + ▨ = 500
▨ + 425 = 800

b) 420 + ▨ = 640
▨ + 180 = 720
190 + ▨ = 418

c) 680 − ▨ = 400
▨ − 160 = 200
▨ − 185 = 300

4 Ordne zu. Bei manchen Aufgaben reicht ein Überschlag.

 < 500    = 500   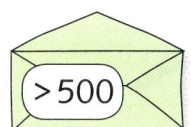 > 500

350 + 145	460 + 75	750 − 199	481 + 19
324 + 130	577 − 77	640 − 140	780 − 290
250 + 250	250 + 259	560 − 50	563 − 73

S. 47 Nr. 4
< 5 0 0   = 5 0 0
3 5 0 + 1 4 5

 **5**  Welche Aufgaben sind leicht für dich? Markiere im Heft. ☒

a) 462 + 20
340 + 54
180 + 50
350 + 67

b) 200 + 180
140 + 190
450 + 310
308 + 207

c) 283 − 50
465 − 41
380 − 40
572 − 56

d) 760 − 540
530 − 500
340 − 190
480 − 385

6 Die Zirkus-AG darf 500 € ausgeben. Die Kinder wünschen sich ein Trapez für 115 €, ein Balancierband für 150 € und ein Jonglier-Set für 189 €. Reicht das Geld? Überschlage.

---

4 Ergebnis durch Überschlagen abschätzen, bei Bedarf genau rechnen
5 Die Aufgabe hilft, individuellen Förderbedarf zu erkennen; begründen lassen, warum eine Aufgabe leicht ist

Gleichungen und Ungleichungen

1 Welche Zahl passt?

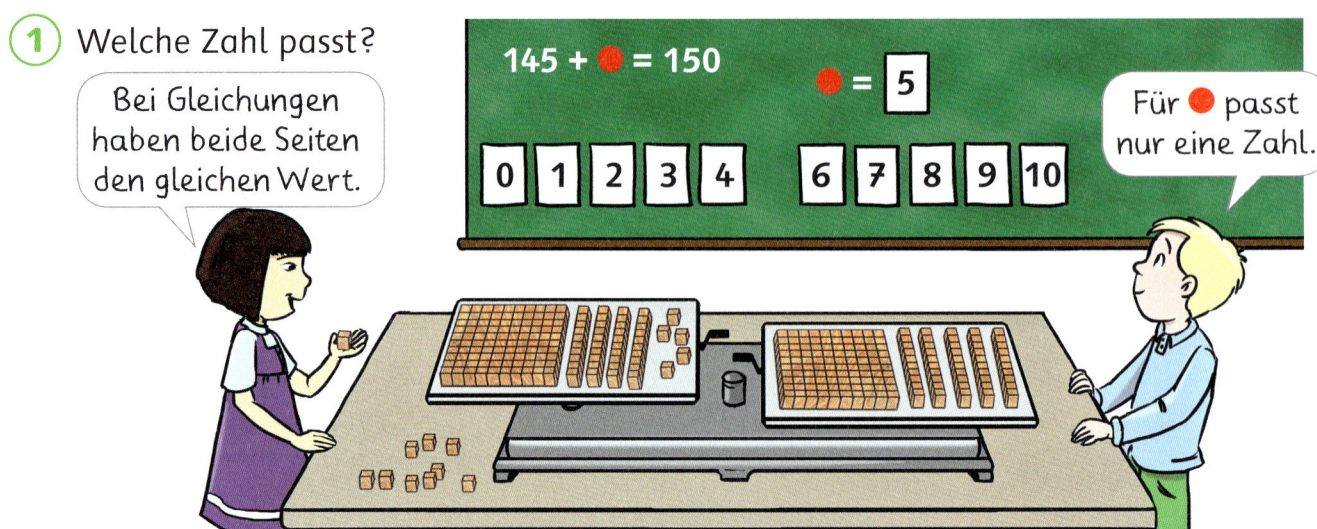

Bei Gleichungen haben beide Seiten den gleichen Wert.

Für ● passt nur eine Zahl.

2 Setze für die Platzhalter passende Zahlen ein.

a) 70 + ■ = 100
230 + ● = 280
▲ + 20 = 350
189 + ◆ = 210

b) 100 − w = 60
350 − x = 300
420 − y = 360
243 − z = 208

S. 48 Nr. 2
a) □ = 30

Info
Zeichen und Buchstaben können als Platzhalter verwendet werden. Platzhalter nennt man auch Variablen.

3

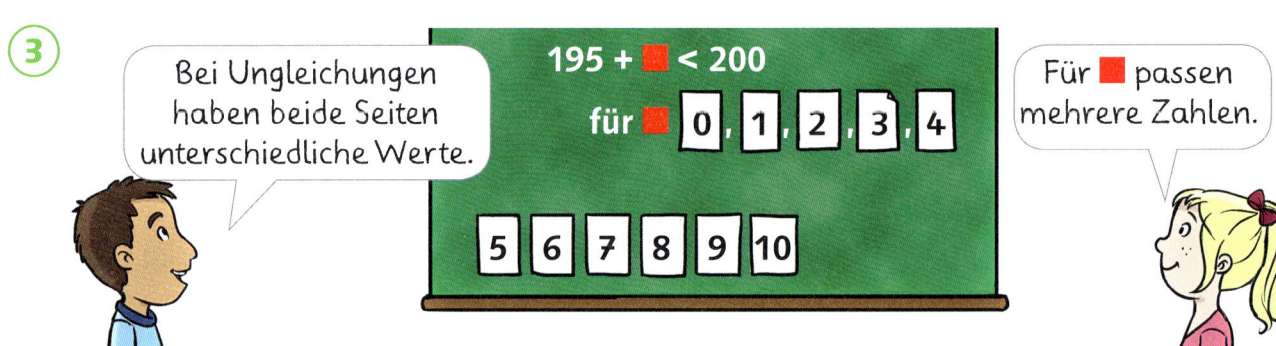

Bei Ungleichungen haben beide Seiten unterschiedliche Werte.

Für ■ passen mehrere Zahlen.

4 Setze für die Platzhalter passende Zahlen ein.

a) 70 + ◆ < 75
86 + ■ < 93
● + 62 < 70
55 + ▲ < 60

b) 230 + ▲ < 240
195 + ■ < 205
◆ + 360 < 366
467 + ● < 475

c) 90 − a > 82
180 − b > 170
240 − c > 235
363 − d > 356

S. 48 Nr. 4
a) für ◇ 0, 1, 2,

5 Setze für die Platzhalter passende Zahlen ein.

a)

b)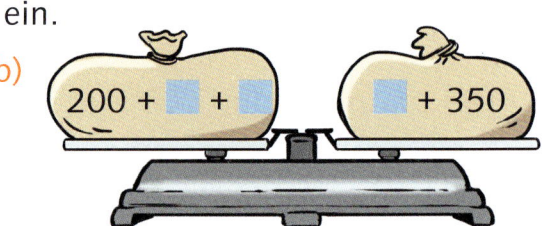

Wiederholung

①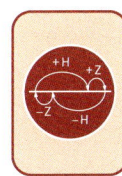
a) 120 + 40
310 + 70
420 + 55
632 + 130

b) 280 + 40
390 + 60
470 + 33
588 + 240

c) 170 − 30
460 − 40
580 − 65
677 − 160

d) 210 − 30
350 − 70
420 − 45
623 − 250

140, 160, 180, 280, 320, 373, 375, 380, 420, 450, 475, 503, 515, 517, 762, 828

② Rechne zuerst die Aufgaben ohne Hunderterübergang.

a) 500 + 280   250 + 170
370 + 135   420 + 280
240 + 250   57 + 505   560 + 90

b) 350 − 270   600 − 340
603 − 60   430 − 145   365 − 60
560 − 72   470 − 370

③ Welche Aufgaben sind noch schwer für dich? Markiere im Heft.

a) 160 + 30
300 + 170
240 + 102
454 + 230

b) 258 + 50
470 + 42
280 + 460
360 + 195

c) 185 − 50
260 − 48
230 − 130
675 − 240

d) 240 − 70
330 − 52
520 − 250
350 − 195

④ Welche Überschlagsrechnung passt zu welcher Aufgabe? Notiere im Heft.

99 + 123 + 290   85 + 189 + 245

A Ü: 100 + 200 + 250   B Ü: 100 + 200 + 300   C Ü: 100 + 100 + 300
D Ü: 80 + 190 + 250   E Ü: 100 + 200 + 200   F Ü: 100 + 120 + 300

⑤ Ordne. Beginne mit dem größten Betrag.

700 ct   7 € 70 ct   0,77 €   70 ct   7,07 €   70 €

⑥ Setze für die Platzhalter passende Zahlen ein.

a) 420 + a = 500
190 + b = 240

b) 100 − w = 30
x − 30 = 280

c) 60 + c < 65
176 + d < 180

d) 100 − y > 95
361 − z > 354

L Notiere 3 Additionsaufgaben und 3 Subtraktionsaufgaben mit Hunderterübergang.

Längen

Meter, Dezimeter, Zentimeter und Millimeter

Info

Das Riesenbett steht am Rand der Gemeinde Oberharmersbach im Schwarzwald. Es heißt Besucher und Gäste auf besondere Weise im Ort willkommen.
An anderen Stellen des Ortes sind eine Riesensitzbank, Riesenstühle und Riesengartengeräte zu entdecken.

1. Janis ist 1 m 50 cm groß. Er steht mit einem Tafellineal neben dem Bett.
   a) Schätzt, wie lang das Bett ist. Erklärt euer Vorgehen.
   b) Wie groß müsste jemand sein, für den dieses Bett passt?
   c) Schätzt, wie lang die großen Hausschuhe sind. Erklärt euer Vorgehen.
   d) Wie groß müsste jemand sein, dem die Hausschuhe passen?

2. Suche im Klassenraum Gegenstände, die etwa 1 Meter lang, breit oder hoch sind.
   a) Notiere die Gegenstände.
   b) Miss nach und schreibe das genaue Maß auf.

S. 5 0 Nr. 2	
Gegenstand	gemessen

3. Wähle Gegenstände aus, die etwa 10 Zentimeter lang sind. Miss mit einem Lineal und notiere im Heft.

4. Untersucht ein Tafellineal und erklärt die Einteilungen.

   a) Zeigt am Tafellineal: 1 m, 1 dm, 1 cm.
   b) Zeigt am Tafellineal: 5 dm, 50 cm, 5 cm, 3 dm, 30 cm, 3 cm.
   c) Messt mit einem Tafellineal die Länge und Breite eures Tisches in dm und cm.

   > Ein Tafellineal ist in Dezimeter (dm) und Zentimeter (cm) eingeteilt.

5. Gebt die ungefähre Länge des Riesenbettes und der Hausschuhe in Dezimeter an.

⑥ Schätzt zuerst, messt dann mit einem Lineal.

a) Höhe eures Mäppchens b) Dicke einer Tischplatte

c) Dicke eines Heftes d) Breite eures kleinen Fingers

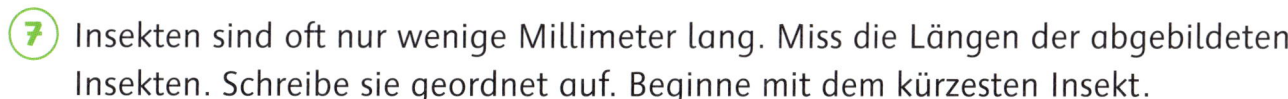

⑦ Insekten sind oft nur wenige Millimeter lang. Miss die Längen der abgebildeten Insekten. Schreibe sie geordnet auf. Beginne mit dem kürzesten Insekt.

Biene Heuschrecke Marienkäfer Maikäfer Hummel

Ein Meter gleich 10 Dezimeter.   1 m = 10 dm
Ein Dezimeter gleich 10 Zentimeter.   1 dm = 10 cm
Ein Zentimeter gleich 10 Millimeter.   1 cm = 10 mm

1 m = 100 cm
$\frac{1}{2}$ m = 50 cm

⑧ a) Schätze die Länge der Strecken.

b) Miss die Länge der Strecken.

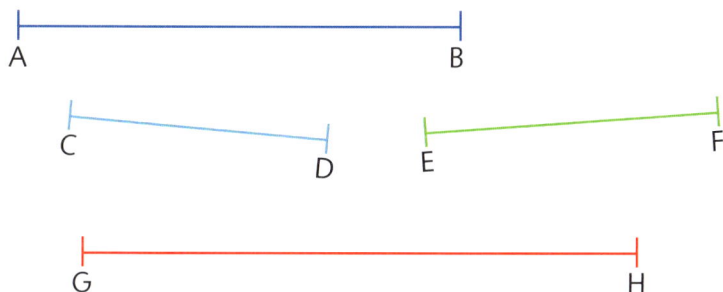

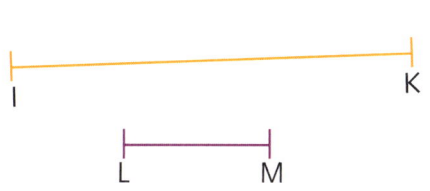

S. 51 Nr. 8

Strecke	geschätzt	gemessen
A B		

⑨ Zeichne die Strecken. Ordne sie vorher nach ihrer Länge. Beginne mit der kürzesten Strecke.

a) $\overline{NO}$ = 1 dm   b) $\overline{PQ}$ = 20 mm   c) $\overline{RS}$ = 8 cm

d) $\overline{TU}$ = 75 mm   e) $\overline{VW}$ = 62 mm   f) $\overline{XY}$ = 4 cm

⑩ Sucht im Klassenraum und zu Hause Gegenstände, die etwa 1 m, 1 dm, 1 cm oder 1 mm lang sind. Gestaltet ein Plakat.

Kommaschreibweise bei Längen

Standweitsprung
1,25 m   1 m 50 cm   130 cm

Hochsprung
103 cm   0,95 m   1 m

① a) Beschreibt, was die Kinder tun. Lest euch die Messergebnisse vor.

b) Vergleicht die Schreibweisen der Messergebnisse.
c) Ordnet die Messergebnisse für jede Sportart. Beginnt mit dem besten Ergebnis.

! Längenangaben können auf unterschiedliche Weise angegeben werden.

in Zentimeter: 245 cm
in Meter und Zentimeter: 2 m 45 cm
in Meter: 2,45 m

Das Komma trennt Meter und Zentimeter.

② | 1 m 65 cm | 1 m 20 cm | 1 m 35 cm | 1 m 18 cm | 1 m 10 cm |

a) Schreibe die Ergebnisse des Standweitsprungs in allen drei Schreibweisen.

b) Wähle eine Schreibweise aus und ordne die Ergebnisse. Beginne mit dem besten Ergebnis.

S.	5	2	Nr.	2	
a)	1	m	6	5	cm
		1	,	6	5	m
		1	6	5	cm

③ Schreibe die Ergebnisse des Hochsprungs in allen drei Schreibweisen. Beginne mit dem besten Ergebnis.

| 78 cm | 110 cm | 96 cm | 105 cm | 85 cm |

④ Schreibe mit Komma.

a) 2 m 73 cm   b) 12 m 4 cm   c) 110 cm
   8 m 17 cm   17 m 6 cm   104 cm
   6 m 30 cm   8 m 2 cm   58 cm

S.	5	2	Nr.	4				
a)	2	m	7	3	cm	=	2,7 3	m

Übungen zu Längen

1 Wie groß sind die Dinge in Wirklichkeit? Ordnet die Längen zu.

| 1 m | 1,60 m | 1 cm | 0,12 m | 0,30 m | 0,20 m | 7 mm |

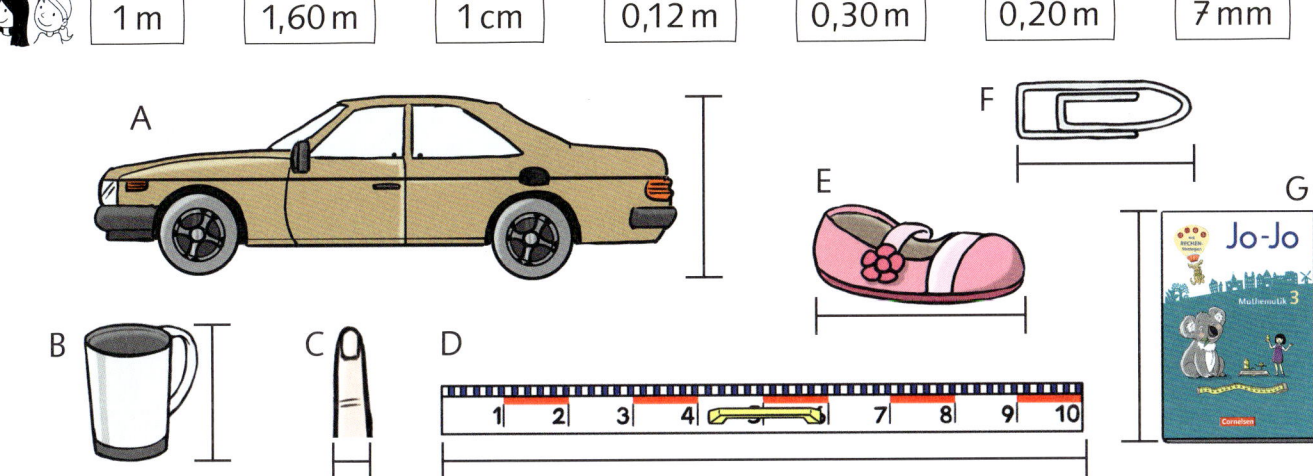

2 Schreibe in Meter und Zentimeter.

a) 2,34 m
    6,42 m
    4,30 m

b) 10,30 m
    23,40 m
    15,60 m

c) 1,04 m
    5,02 m
    8,09 m

d) 1,12 m
    1,20 m
    0,10 m

S. 53 Nr. 2
a) 2,34 m = 2 m 34 cm

3 Schreibe in Zentimeter.

a) 3 m
    7 m
    $\frac{1}{2}$ m

b) 2,40 m
    6,03 m
    0,05 m

c) 35 dm
    82 dm
    53 dm

d) 250 mm
    630 mm
    580 mm

S. 53 Nr. 3
a) 3 m = 300 cm

4 Ordne im Heft nach der Länge. Beginne mit der kürzesten Länge.

a) 1,78 m; 70 cm; 56 m; $\frac{1}{2}$ m; 148 cm

b) 0,36 m; 64 cm; 6,05 m; 6,20 m; 85 cm

5 Von einer 2 m langen Schnur werden 150 mm abgeschnitten. Wie viel Schnur bleibt übrig? Schreibe in cm.

6 Wie groß sind die Kinder?
Ordne nach der Größe und beginne mit dem größten Kind.

Umut: Ich bin 8 cm kleiner als Leon.

Mia: Ich bin 40 mm kleiner als Umut.

Leon: Ich bin eineinhalb Meter groß.

Kilometer und Meter

(1) Messt auf eurem Sportplatz eine Strecke von 1 Kilometer Länge aus.

Info
„Kilo" kommt aus der griechischen Sprache und bedeutet 1 000.

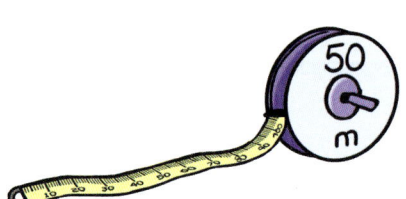

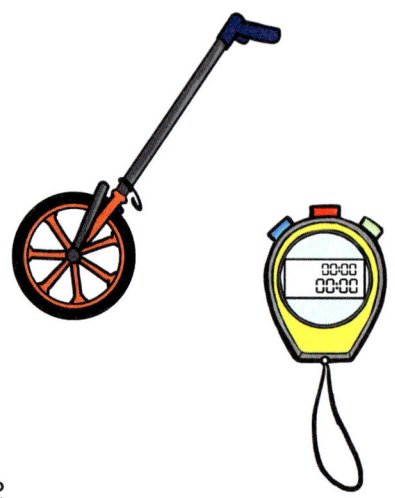

a) Wie geht ihr vor, um einen Kilometer abzumessen? Wählt ein geeignetes Messinstrument aus.

b) Messt die Zeit, die ihr zum Gehen einer Strecke von 1 km Länge benötigt.

 Ein Kilometer gleich 1 000 Meter.   1 km = 1 000 m
$\frac{1}{2}$ km =   500 m

(2) Wie viel Meter fehlen bis zu 1 km?

a) 500 m	b) 850 m	c) 40 m	d) 364 m
900 m	625 m	0 m	128 m
600 m	785 m	65 m	746 m

```
S. 5 4  Nr. 2
Immer 1km:
a) 5 0 0 m +
```

(3) Ein Schulkind läuft einen Kilometer in etwa 20 Minuten. Wie lange braucht es etwa für die folgenden Strecken?

a) 2 km   b) 3 km   c) $\frac{1}{2}$ km   d) 5 km

(4) Mit dem Fahrrad fährt ein Schulkind einen Kilometer in etwa 4 Minuten. Wie lange braucht es etwa für die folgenden Strecken?

a) 10 km   b) 15 km   c) 30 km   d) $\frac{1}{2}$ km   e) $5\frac{1}{2}$ km

(5) Schätzt die Länge eurer Schulwege. Wie geht ihr vor?

1 Die Länge 1 km von jedem Kind bewusst erfahren lassen (messen mit Hilfsmitteln sowie Zeit messen), hierfür Sportplatz oder Schulumgebung nutzen

Projekt: Wandertag

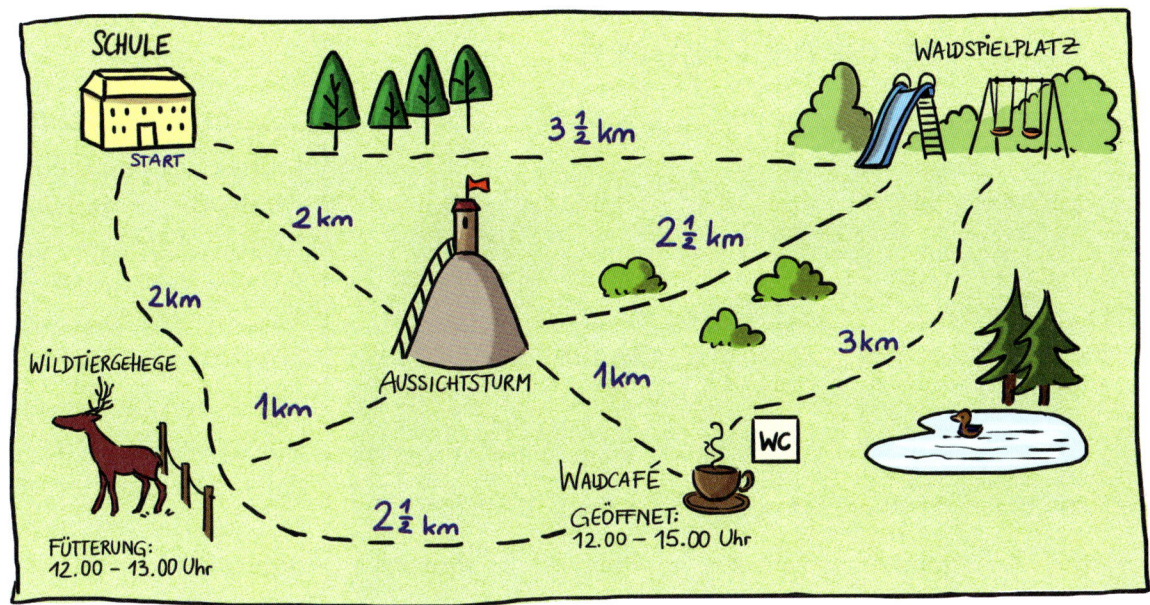

1) Die Klasse 3 plant einen Ausflug.
   a) Seht euch den Plan an. Welche Informationen könnt ihr dem Plan entnehmen?
   b) Plant zwei Ausflüge für die Klasse 3, die höchstens 8 km lang sind.

2) Wählt einen Ausflug aus Aufgabe 1 b) aus.
   a) Wie lange wandern die Kinder?
   b) Überlegt, wie lange die Kinder an den einzelnen Orten bleiben möchten. Denkt auch an eine Mittagspause.
   c) Berechnet, wie lange der Ausflug insgesamt dauert.
   d) Der Ausflug beginnt um 9.00 Uhr an der Schule. Wann sind die Kinder voraussichtlich wieder zurück?

Für 1 km Wanderstrecke brauche ich etwa 20 Minuten.

3) Plant für eure Klasse einen Ausflug.
   a) Wählt ein Ausflugsziel in eurer Umgebung. Informiert euch, was es unterwegs Interessantes zu sehen gibt.
   b) Überlegt, wie lange ihr an den einzelnen Orten bleiben wollt.
   c) Wie viele Kilometer werdet ihr insgesamt gehen?
   d) Berechnet, wie lange der Ausflug dauert.
   e) Erstellt einen Plan für den Ausflug. Tragt die Weglängen und die Wanderzeiten im Plan ein. Präsentiert den Plan.

Für eine Pause sollten wir etwa eine Stunde einplanen.

1 bis 3 Das Projekt kann genutzt werden, um einen Wandertag oder Klassenausflug gemeinsam vorzubereiten; im Mittelpunkt stehen Überlegungen zur Länge und Zeit des Gesamtausfluges, um diesen Zusammenhang bewusst zu thematisieren

Achsensymmetrie

Symmetrische Figuren

① Betrachtet das Bild. Was fällt euch auf?

Info

Früher wurden viele große Gebäude wie zum Beispiel Schlösser und Paläste symmetrisch gebaut. Diese Bauwerke wurden von den Menschen als besonders schön empfunden. Auch heute findet man Häuser, die symmetrisch gebaut sind.

a) Zeigt die Spiegelachse im Bild. Kontrolliert mit einem Spiegel.

b) Sucht symmetrische Bauwerke in eurer Umgebung. Gestaltet eine Präsentation.

② Legt die Figuren nach und ergänzt zu symmetrischen Bauwerken.

a)    b)    c)

③ Falte zwei symmetrische Häuser.

1.
Falte ein quadratisches Blatt Papier.

2.
Falte das Rechteck in der Mitte. Klappe es auf.

3.
Falte die kurzen Seiten zur Mitte.

4.
Klappe wieder auf.

5.
Falte die oberen Ecken.

6.
Öffne die äußeren Seiten. Drücke die Flächen an.

7.
Bemale die Häuser so, dass sie symmetrisch sind.

8.
Fertig!

56   **1** Bild vergrößern; Anleitung zum Halten des Spiegels und zum Untersuchen eines Bildes auf Symmetrie: Vergleichen des Bildes im Spiegel mit dem Teilbild hinter dem Spiegel
2 Formenplättchen verwenden (Beilage); Klebeband als Symmetrieachse verwenden

④ Übertrage ins Heft. Zeichne die Spiegelachsen ein. Überprüfe mit einem Spiegel.

a) 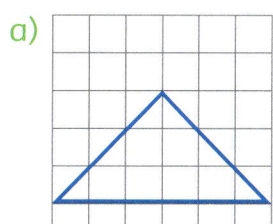 b) 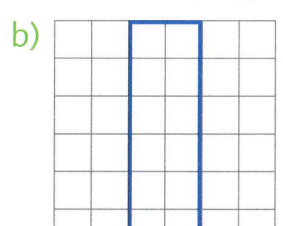 c) 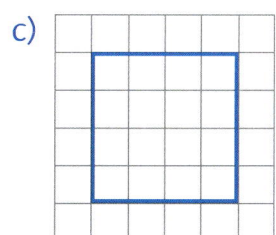 d)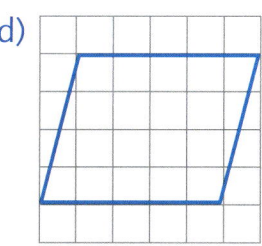

⑤ Übertrage ins Heft und ergänze zu achsensymmetrischen Figuren.

a) 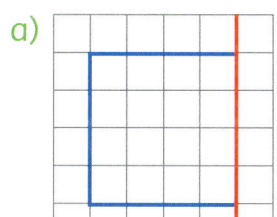 b)  c) 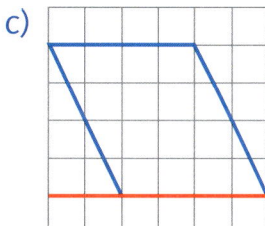 d)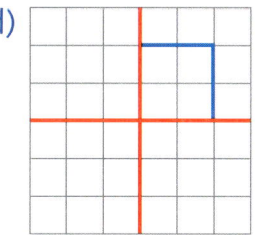

Achsensymmetrische Figuren haben eine oder mehrere Spiegelachsen.

Die Spiegelachse heißt Symmetrieachse.

⑥ Übertrage ins Heft und zeichne die Symmetrieachse ein.

a) 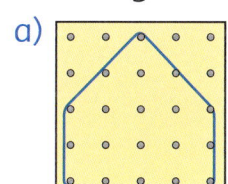 b) 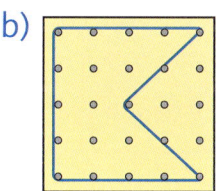 c) 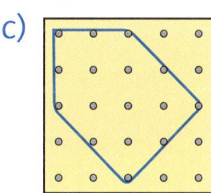 d)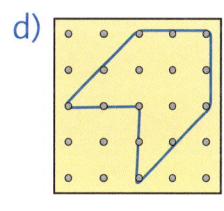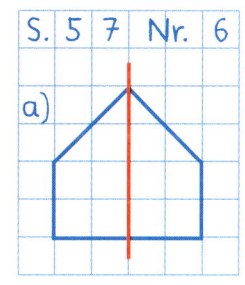

⑦ Übertrage ins Heft und zeichne die Symmetrieachsen ein.

a) 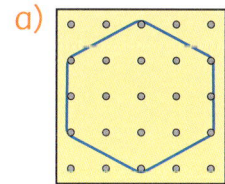 b) 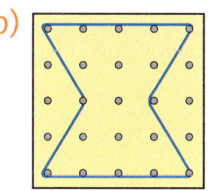 c) 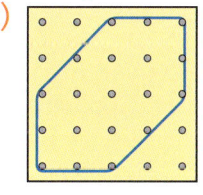 d)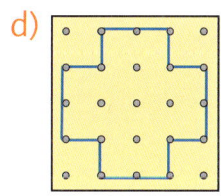

⑧ Markiert eine Symmetrieachse. Spanne eine Figur am Geobrett. Dein Partner spannt das Spiegelbild. Wechselt euch ab.

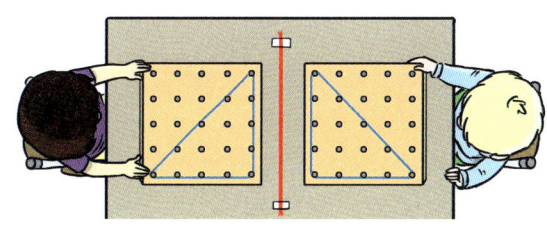

Projekt: Mathematik und Kunst

① Betrachtet den Scherenschnitt.

Info

Der deutsche Künstler Philipp Otto Runge lebte von 1777 bis 1810. Er malte, schrieb Geschichten („Von dem Fischer un syner Fru") und fertigte Scherenschnitte an. Die meisten seiner Scherenschnitte stellen Blumen, Pflanzen und Bäume dar.

a) Findet die Symmetrieachse im Scherenschnitt von Philipp Otto Runge.
b) Wie könnte der Scherenschnitt entstanden sein? Beschreibt und erklärt.

② Stelle einen Scherenschnitt her.

1.
Falte ein quadratisches Blatt (10 cm) in der Mitte.

2.
Zeichne eine halbe Figur auf.

Tipp: Schönere Ergebnisse erhältst du, wenn du nicht nur Umrisse, sondern auch Innenlinien zeichnest.

3.
Schneide die Figur entlang der Linien aus.

4.
Klappe die Figur auf.

5.
Klebe den Scherenschnitt auf ein farbiges Blatt Papier.

2 Um die Schwierigkeit zu erhöhen, kann das Blatt auch zweimal gefaltet werden

③ Stellt eure Scherenschnitte zu einer Mini-Collage zusammen.

1.
Faltet ein quadratisches Blatt (20 cm) in vier gleiche Quadrate.

2.
Färbt die kleinen Quadrate in unterschiedlichen Farben ein.

3.
Stellt vier Scherenschnitte wie in Aufgabe 2 her.

4.
Klebt einen Scherenschnitt auf jedes farbige Quadrat.

④ Setzt eure Mini-Collagen zu einer großen Collage zusammen.

Immer 6 Mini-Collagen passen auf einen großen Bogen Tonpapier.

3 Kleine quadratische Blätter (Kantenlänge 10 cm) für Scherenschnitte verwenden
4 Tonpapier (70 cm x 50 cm) zum Aufkleben verwenden

Multiplizieren und dividieren

Stationen: Einfaches Multiplizieren und Dividieren

1. Station: Malaufgaben

2. Station: Schlüsselaufgaben

---

1. Station: Karten mit Malaufgaben vorbereiten und ziehen; Aufgaben veranschaulichen und lösen: am Hunderterfeld, mit Plättchen, Bildern, Rechengeschichten
2. Station: Zahl ziehen, Schlüsselaufgaben notieren, weitere Aufgaben der Reihe lösen

Multiplizieren und dividieren mit Zehnerzahlen

1 Erklärt. Findet weitere Beispiele.

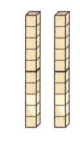 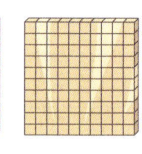 

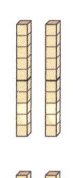  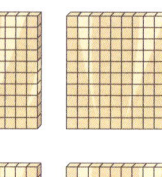

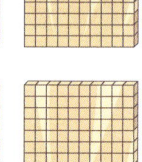 

| 3 · 2 | 3 · 20 | 3 · 200 |

2 Lege und rechne.

a) 3 · 1	b) 2 · 3	c) 2 · 4	d) 3 · 3
3 · 10	2 · 30	2 · 40	3 · 30
3 · 100	2 · 300	2 · 400	3 · 300

S. 62 Nr. 2
a) 3 · 1 = 3
   3 · 10 =
   3 · 100 =

3 Rechne die kleine Aufgabe und jeweils zwei passende große Aufgaben.

a) 4 · 1   b) 2 · 2   c) 6 · 1   d) 4 · 2   e) 5 · 2

4 Erklärt.

  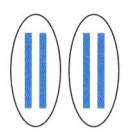 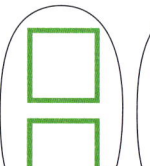

Ich weiß: 4 : 2 = 2

| 4 : 2 | 40 : 2 | 400 : 2 |

5 Zeichne und rechne.

a) 6 : 2	b) 6 : 3	c) 9 : 3	d) 8 : 4
60 : 2	60 : 3	90 : 3	80 : 4
600 : 2	600 : 3	900 : 3	800 : 4

S. 62 Nr. 5
a) 6 : 2 = 3
   60 : 2 =
   600 : 2 =

6 Rechne die kleine Aufgabe und jeweils zwei passende große Aufgaben.

a) 8 : 2   b) 4 : 1   c) 6 : 6   d) 10 : 2   e) 10 : 5

**Kleine Aufgabe
Große Aufgabe**

RECHENSTRATEGIE

Nutze die kleine Aufgabe.

2 · 30 = 60   20 · 3 = 60
2 · 300 = 600   200 · 3 = 600

denn 2 · 3 = 6

80 : 4 = 20   80 : 40 = 2
800 : 4 = 200   800 : 400 = 2

denn 8 : 4 = 2

© 2019 Cornelsen Verlag GmbH, Berlin
Alle Rechte vorbehalten.

⑦ a) 2 · 20   b) 2 · 30   c) 3 · 40   d) 70 · 2   e) 50 · 3
    4 · 20   4 · 30   6 · 40   70 · 4   50 · 6
    6 · 20   8 · 30   9 · 40   70 · 6   50 · 9

⑧ Rechne. Was fällt dir auf?

  a) 3 · 20   b) 2 · 60   c) 6 · 30   d) 4 · 70   e) 8 · 60
    30 · 2   20 · 6   60 · 3   40 · 7   80 · 6

⑨ a) 2 · 200   b) 2 · 400   c) 4 · 200   d) 500 · 2
    6 · 100   4 · 300   2 · 300   300 · 3

⑩ Rechne. Was fällt dir auf?

  a) 60 : 3   b) 80 : 2   c) 90 : 3   d) 120 : 4   e) 200 : 5
    60 : 30   80 : 20   90 : 30   120 : 40   200 : 50

⑪ a) 500 : 5   b) 400 : 2   c) 800 : 2   d) 900 : 3   e) 1000 : 5
    500 : 50   400 : 20   800 : 20   900 : 30   1000 : 50

⑫ Finde die kleinen Aufgaben und rechne.

  a) 270 : 3   b) 480 : 6   c) 560 : 8   d) 720 : 9
    270 : 9   480 : 8   560 : 7   720 : 8

S.	6	3	Nr.	1	2
a)	2	7	:	3	=	9
	2	7	0	:	3	=

Übungen zum Multiplizieren und Dividieren

1
a) 3 · 20
3 · 40
3 · 60

b) 2 · 30
2 · 40
2 · 80

c) 60 · 2
60 · 4
60 · 6

d) 2 · 300
2 · 400
2 · 500

e) 300 · 1
300 · 2
300 · 3

2 Nutze die passende kleine Aufgabe. Rechne im Heft.

a) 2 · 30 | 20 · 3 | 2 · 300 | 200 · 3

b) 4 · 20 | 40 · 2 | 4 · 200 | 400 · 2

c) 90 : 30 | 90 : 3 | 900 : 300 | 900 : 3

d) 100 : 20 | 100 : 2 | 1 000 : 200 | 1 000 : 2

3 Wie oft?

a) 120 = ▢ · 3
180 = ▢ · 3
240 = ▢ · 3

b) 200 = ▢ · 4
240 = ▢ · 4
280 = ▢ · 4

c) 300 = ▢ · 3
600 = ▢ · 3
900 = ▢ · 3

d) 500 = ▢ · 5
1 000 = ▢ · 5
1 500 = ▢ · 5

4 Rechne und überprüfe mit der Umkehraufgabe.

a) 120 : 40
120 : 4

b) 180 : 30
180 : 3

c) 420 : 60
420 : 6

d) 540 : 90
540 : 9

S.	6	4		Nr.	4			
a)	1	2	0	:	4	0	=	3
			3	·	4	0	=	1 2 0

5 Bilde die Aufgabenfamilien. Notiere im Heft.

a) 5, 7, 35
b) 5, 70, 350
c) 6, ?, 48
d) 6, ?, 480

6 Die 20 Kinder der Klasse 3 fahren ins Theater. Der Eintritt kostet für jedes Kind 6 Euro. Die Busfahrt zum Theater kostet für alle Kinder zusammen 100 Euro.

a) Wie viel kostet der Eintritt für alle Kinder zusammen?
b) Wie viel kostet die Busfahrt für ein Kind?

7
a) Wenn ich meine Zahl mit 3 malnehme, erhalte ich 180.
b) Wenn ich meine Zahl durch 4 teile, erhalte ich 70.
c) Meine Zahl ist das Fünffache von 60.

Punktrechnung vor Strichrechnung

1 Wie viel hat Lara gewürfelt? Erklärt, wie die Kinder gerechnet haben. Wer hat Recht?

2 Rechnet und überprüft mit Würfeln. Was fällt euch auf?

a) 6 + 3 · 2   b) 3 + 2 · 5   c) 5 + 2 · 3   d) 2 · 5 + 3

> **!** **Malaufgaben** und **Geteiltaufgaben** werden immer **zuerst** gerechnet. Erst danach werden Plusaufgaben und Minusaufgaben gerechnet.
>
> **Punktrechnung (· und :)**
> **VOR**
> **Strichrechnung (+ und −)**

3 Beachte die Rechenregel. Unterstreiche im Heft, was du zuerst rechnest.

a) 4 + 3 · 2   b) 8 · 4 + 5   c) 3 · 5 − 2   d) 12 − 3 · 3
   5 + 3 · 3   6 · 6 + 4   2 · 5 − 6   16 − 2 · 5
   6 + 2 · 8   5 · 9 + 6   4 · 6 − 4   20 − 4 · 2

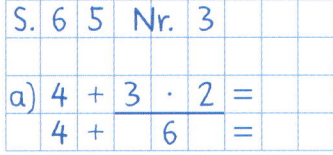

3, 4, 6, 10, 12, 13, 14, 20, 22, 37, 40, 51

4 Beachte die Rechenregel. Unterstreiche im Heft, was du zuerst rechnest.

a) 3 + 15 : 3   b) 20 : 2 + 3   c) 28 : 7 − 3   d) 12 − 6 : 3
   8 + 12 : 4   32 : 4 + 4   36 : 6 − 2   20 − 4 : 2
   5 + 20 : 5   30 : 5 + 1   40 : 8 − 3   24 − 8 : 2

1, 2, 4, 7, 8, 9, 10, 11, 12, 13, 18, 20

5 Rechne richtig im Heft.

Vorsicht, 3 Fehler!

a) 6 + 4 · 5 = 26   b) 24 − 7 · 3 = 3   c) 12 + 6 : 2 = 15
   5 + 3 · 4 = 32   16 − 4 · 2 = 8   16 + 8 : 4 = 6
   7 + 3 · 5 = 22   14 − 3 · 4 = 44   25 + 9 : 3 = 28

Multiplizieren

1 Die Kinder lösen die Aufgabe unterschiedlich. Erklärt.

2 Wie rechnet ihr? Erklärt.

a) 4 · 12 b) 3 · 14 c) 6 · 12 d) 2 · 13 e) 4 · 15

3 a) 2 · 15 b) 9 · 12 c) 2 · 16 d) 5 · 18 e) 3 · 19
   4 · 16   9 · 15   8 · 14   9 · 18   6 · 17
   6 · 18   9 · 13   4 · 13   7 · 18   9 · 16

4 Zerlege und rechne im Heft.

a) 3 · 13 b) 3 · 15 c) 7 · 14 d) 4 · 22 e) 3 · 42
   6 · 11   6 · 13   5 · 17   3 · 24   4 · 51
   5 · 13   7 · 12   8 · 12   6 · 23   5 · 62

Multiplikation
·

$$3 \cdot 15 = 45$$
Produkt Produkt

Ich multipliziere 3 und 15.

5 Multipliziert. Was fällt euch auf? Erklärt.

a) 4 · 11 b) 6 · 12 c) 4 · 14 d) 6 · 16 e) 8 · 13
   2 · 22   3 · 24   2 · 28   3 · 32   4 · 26

Malaufgaben zerlegen

RECHENSTRATEGIE

Zerlege in Aufgaben, die leicht im Kopf zu lösen sind.

6 · 12

denn
6 · 12 = 72
6 · 10 = 60
6 · 2 = 12

denn
6 · 12 = 72
5 · 12 = 60
1 · 12 = 12

© 2019 Cornelsen Verlag GmbH, Berlin
Alle Rechte vorbehalten.

6 Wie rechnest du?

a) 4 · 11
3 · 14
5 · 12

b) 3 · 17
4 · 19
5 · 16

c) 5 · 13
7 · 11
4 · 17

d) 6 · 24
5 · 25
4 · 26

e) 8 · 35
7 · 46
6 · 58

7 Zeigt euch die Aufgaben am Tausenderstreifen. Wie könnt ihr zerlegen? Erklärt.

| 5 · 11 | 5 · 19 | 9 · 12 | 9 · 26 |
| 6 · 12 | 6 · 25 | 7 · 16 | 8 · 22 |

8 Rechne geschickt.

a) 2 · 41
3 · 23
4 · 32

b) 3 · 51
5 · 42
4 · 65

c) 22 · 3
25 · 4
31 · 5

d) 23 · 7
31 · 8
25 · 9

Bei manchen Aufgaben hilft die Tauschaufgabe.

9 a) Meine Zahl ist das Dreifache von 43.

b) Meine Zahl erhält man, wenn man 32 mit 4 multipliziert.

c) Meine Zahl ist das Produkt aus 25 und 3.

Dividieren

1 Nils verteilt 72 Fußballbilder an drei Freunde. Erklärt, wie die Kinder rechnen.

 **2** Wie rechnet ihr? Erklärt.

a) 36 : 3   b) 52 : 4   c) 42 : 3   d) 75 : 3   e) 92 : 4

3 Zerlege so, dass du leicht teilen kannst.

a) 24 : 2   b) 42 : 2   c) 88 : 4   d) 105 : 5   e) 147 : 7
   39 : 3   56 : 4   69 : 3   128 : 4   165 : 5
   44 : 4   60 : 5   84 : 7   126 : 3   138 : 6

 Division   48 : 3 = 16   
:   Quotient   Quotient

Ich dividiere 48 durch 3.

  **4** Dividiert. Was fällt euch auf? Erklärt.

a) 33 : 3   b) 45 : 3   c) 36 : 2   d) 48 : 4   e) 120 : 5
   66 : 3   90 : 3   72 : 2   96 : 4   240 : 5

5
a) Meine Zahl ist der dritte Teil von 180.
b) Meine Zahl erhält man, wenn man 120 durch 4 dividiert.
c) Meine Zahl ist der Quotient aus 132 und 3.

Geteiltaufgaben zerlegen

RECHENSTRATEGIE

Zerlege die erste Zahl so, dass sie leicht im Kopf zu teilen ist.

75 : 3

$$75 : 3 = 25$$
denn $60 : 3 = 20$
$15 : 3 = 5$

$$75 : 3 = 25$$
denn $30 : 3 = 10$
$30 : 3 = 10$
$15 : 3 = 5$

© 2019 Cornelsen Verlag GmbH, Berlin
Alle Rechte vorbehalten.

6 Wie rechnest du?

a) 56 : 4	b) 78 : 6	c) 72 : 3	d) 168 : 4	e) 132 : 3
65 : 5	98 : 7	54 : 2	186 : 6	192 : 6
66 : 6	96 : 8	85 : 5	184 : 8	176 : 4

7 Rechne geschickt.

a) 48 : 3	b) 72 : 6	c) 78 : 3	d) 217 : 7	e) 426 : 6
38 : 2	64 : 4	76 : 4	606 : 6	651 : 7
63 : 3	95 : 5	96 : 3	918 : 9	728 : 8

8 Nina hat einen anderen Weg gefunden. Probiert und erklärt.

"Wenn ich durch 4 teile, kann ich zweimal halbieren: Die Hälfte von 60 ist 30 und die Hälfte von 30 ist 15."

a) 60 : 4	b) 72 : 4	c) 100 : 4
48 : 4	56 : 4	140 : 4
84 : 4	92 : 4	300 : 4

9 Beim Schulfest haben die Kinder insgesamt 315 € für neue Pausenspiele eingenommen. Der Förderverein gibt 140 € dazu. Das Geld wird gleichmäßig an die 7 Klassen der Schule verteilt. Wie viel Geld kann jede Klasse für Spiele ausgeben?

Dividieren mit Rest

1 Erklärt, wie die Kinder rechnen.

2 Zerlege geschickt und rechne.

a) 43 : 4
32 : 3
54 : 5

b) 41 : 2
44 : 3
55 : 4

c) 72 : 5
70 : 6
78 : 7

d) 166 : 4
181 : 3
143 : 7

S.	7	0	Nr.	2			
a) 4	3	:	4	=	1	0	R 3

3 Dividiere und setze fort, bis kein Rest mehr entsteht.

a) 30 : 3
31 : 3
32 : 3
☐ : ☐

b) 60 : 4
61 : 4
62 : 4
☐ : ☐

c) 66 : 5
67 : 5
68 : 5
☐ : ☐

d) 126 : 6
127 : 6
128 : 6
☐ : ☐

S.	7	0	Nr.	3			
a) 3	0	:	3	=	1	0	
3	1	:	3	=	1	0	R 1
3	2	:	3	=			

4 Rechne richtig im Heft. *Vorsicht, 3 Fehler!*

a) 51 : 5 = 10 R 1
37 : 3 = 12 R 2
46 : 4 = 11 R 2

b) 65 : 5 = 12 R 5
86 : 6 = 14 R 2
70 : 4 = 17 R 2

c) 100 : 6 = 16 R 4
165 : 8 = 20 R 5
220 : 7 = 30 R 10

5 Für ein Schulfest werden 50 Kekse in Tüten mit je 4 Keksen abgepackt. Wie viele Tüten kann man packen? Wie viele Kekse bleiben übrig?

6 Eine Klasse mit 22 Kindern fährt in die Jugendherberge. Dort gibt es nur Viererzimmer. Wie viele Zimmer müssen gebucht werden? Begründe.

Gleichungen und Ungleichungen

1 Beschreibt und erklärt.

2 Setze für die Platzhalter passende Zahlen ein.

a) 3 · 13 = ■
5 · 16 = ●
4 · 15 = ▲

b) ● · 12 = 48
▲ · 15 = 45
■ · 16 = 64

c) 6 · **x** = 66
4 · **y** = 52
5 · **z** = 75

S. 7 1 Nr. 2
a) □ = 3 9

3 a) 56 : 4 = ■
78 : 6 = ●
80 : 5 = ▲

b) ● : 5 = 11
▲ : 3 = 12
■ : 4 = 15

c) 26 : **a** = 13
44 : **b** = 11
36 : **c** = 12

d) 45 : **s** = 15
56 : **t** = 14
48 : **z** = 16

4 Beschreibt und erklärt.

5 Setze für die Platzhalter passende Zahlen ein.

a) 3 · □ < 15
4 · ○ < 20
6 · △ < 36

b) **z** · 12 < 40
y · 15 < 70
x · 14 < 80

c) 55 : 5 > ○
48 : 4 > △
39 : 3 > □

S. 7 1 Nr. 5
a) für □ 0, 1,

6 Übertrage ins Heft und setze <, > oder = ein.

a) 3 · 12 ■ 4 · 12
5 · 13 ■ 4 · 13
3 · 15 ■ 3 · 16

b) 4 · 11 ■ 3 · 13
5 · 12 ■ 4 · 15
3 · 15 ■ 4 · 12

c) 24 : 3 ■ 24 : 4
45 : 5 ■ 55 : 5
36 : 3 ■ 48 : 4

Sachrechnen: Rechnen mit Tabellen

1 a) Die Eltern der Klasse 3 bieten beim Schulfest Speisen und Getränke an. Beschreibt.

Kuchen Stück 3 €
Pizza Stück 4 €
Saft 1,50 €
Kaffee 2,50 €

b) Nils kauft 3 Kuchenstücke. Wie viel muss er bezahlen?
c) Frau Meier kauft 4 Pizzastücke und 4 Becher Saft. Wie viel muss sie bezahlen?

2 a) Zeichne die Tabelle ins Heft und ergänze bis 10 Stück.

Kaffee	Stück	1	2	3		5			
	Preis in €	2,50			10		15		

b) Erstelle im Heft Tabellen für Pizza, Kuchen und Saft.

3 Zeichne im Heft Tabellen und ergänze sie. Erkläre dein Vorgehen.

a)
Hefte	
Stück	Preis
1	0,60 €
2	
3	

b)
Klebestifte	
Stück	Preis
1	
2	1,00 €
3	

c)
Radierer	
Stück	Preis
1	
2	
3	2,70 €

4 Schreibt zu jeder Aufgabe eine passende Frage, rechnet und notiert eine Antwort.

a) 1 Postkarte kostet 0,80 €. Lisa hat 5 Postkarten gekauft.

b) Ali hat 3 Anspitzer gekauft und 3,60 € bezahlt.

c) 1 Bleistift kostet 0,75 €. Toni hat für 3 € Bleistifte gekauft.

d) Nina kauft Sticker und bezahlt 2,50 €. Lara kauft doppelt so viele Sticker.

Wiederholung

1
a) 4 · 20   b) 70 · 3   c) 3 · 100   d) 150 : 5   e) 210 : 30
   4 · 40   70 · 6   3 · 200   240 : 6   300 : 50
   4 · 60   70 · 9   3 · 300   320 : 4   420 : 60

2 Beachte die Rechenregel. Unterstreiche im Heft, was du zuerst rechnest.

a) 3 + 4 · 2   b) 6 · 4 + 3   c) 3 · 6 − 2   d) 20 − 2 · 4
   4 + 3 · 5   7 · 3 + 5   4 · 5 − 5   16 − 3 · 2
   5 + 2 · 6   5 · 8 + 7   5 · 7 − 4   17 − 5 · 3

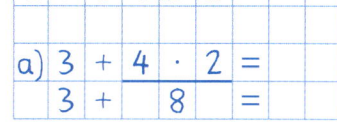

3
a) 4 · 11   b) 5 · 15   c) 7 · 13   d) 4 · 31   e) 6 · 33
   3 · 13   6 · 12   5 · 14   3 · 24   5 · 48
   5 · 12   8 · 14   8 · 15   3 · 35   4 · 62

4
a) 26 : 2   b) 70 : 5   c) 52 : 2   d) 110 : 5
   33 : 3   60 : 4   75 : 3   168 : 8
   48 : 4   48 : 3   92 : 4   133 : 7

5 Dividiere und setze fort, bis kein Rest mehr entsteht.

a) 44 : 4   b) 59 : 5   c) 67 : 3   d) 125 : 6   e) 142 : 7
   45 : 4   60 : 5   66 : 3   124 : 6   143 : 7
   46 : 4   61 : 5   65 : 3   123 : 6   144 : 7
   ☐ : ☐   ☐ : ☐   ☐ : ☐   ☐ : ☐   ☐ : ☐

6 Setze für die Platzhalter passende Zahlen ein.

a) 3 · 13 = ■   b) ● · 12 = 36   c) 6 · x < 30   d) 40 : 8 > ☐
   5 · 17 = ●   ▲ · 15 = 60   4 · y < 22   36 : 6 > ○
   4 · 19 = ▲   ■ · 14 = 56   8 · z < 41   56 : 7 > △

S. 73 Nr. 6
a) ☐ = 39

7 Zeichne die Tabellen ins Heft und ergänze bis 10 Stück.

a)
Stifte	Stück	1	2	3
	Preis in €	1,20		

b)
Hefte	Stück	1	2	3
	Preis in €	3,50		

Zeit

Jahr, Monat, Woche, Tag

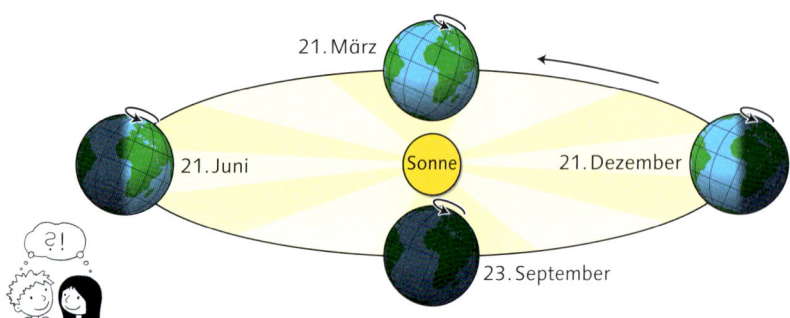

Info

Die Erde dreht sich um sich selbst. Das dauert einen Tag. Gleichzeitig kreist die Erde um die Sonne. Das dauert ein Jahr. Ein Jahr hat 365 Tage und ist in 12 Monate mit unterschiedlichen Längen eingeteilt.

1 Schreibt alle 12 Monatsnamen mit der Anzahl ihrer Tage in der richtigen Reihenfolge auf. Überprüft mit einem Kalender.

2 a) Wie viele Tage hat eine Woche?
b) Schreibe die Wochentage in der richtigen Reihenfolge auf. Beginne mit dem Montag.
c) Wie viele Wochen hat ein Jahr?

3 Nimm einen aktuellen Kalender.
a) In Deutschland gibt es Feiertage, die jedes Jahr das gleiche Datum haben: Neujahr, Maifeiertag, Tag der Deutschen Einheit, 1. Weihnachtsfeiertag, 2. Weihnachtsfeiertag
Schreibe für diese Tage das Datum mit dem Wochentag auf.

b) Welche Tage im Jahr sind für dich besonders wichtig? Notiere das Datum.

| Ein Jahr hat 12 Monate. | 1 Jahr = 12 Monate |
| Eine Woche hat 7 Tage. | 1 Woche = 7 Tage |

---

4 Wann haben die Kinder Geburtstag?

„In 3 Wochen habe ich Geburtstag." — Verena

„Bei mir dauert es noch ein halbes Jahr bis ich 10 werde." — Janick

5 a) Suche im Internet Informationen zum „Schaltjahr".
b) Überlege, ob ein Februar fünf Samstage haben kann.

Merkkasten: Ein Mondmonat umfasst 28 Tage mit 4 Mondphasen (Neumond, zunehmender Mond, Vollmond, abnehmender Mond); die 7 Tage der Woche wurden hiervon vermutlich schon vor tausenden Jahren abgeleitet 5 Begriff „Schaltjahr" klären

Stunden und Minuten

1 Wie spät kann es sein? Was macht ihr zu diesen Uhrzeiten?

Ein Tag ist in zweimal 12 Stunden eingeteilt.

Die erste Uhr zeigt 6.10 Uhr an.

Es könnte auch 18.10 Uhr sein.

2 Stelle die Uhrzeiten an der Lernuhr ein.
Notiere beide Uhrzeiten.

a)  b) 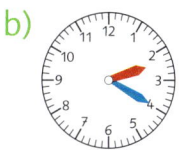 c)  d)

S.	7	5		Nr.	2	
a)			1.	1	0	Uhr
		1	3.	1	0	Uhr

3 a) 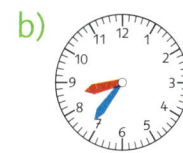 b) 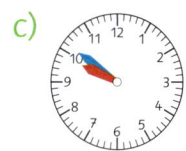 c) 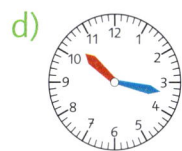 d)

S.	7	5		Nr.	3	
a)			6.	2	3	Uhr
		1	8.	2	3	Uhr

4 Die Kinder haben sich am Nachmittag verabredet.
Notiere die passenden Uhrzeiten.

Ich muss in einer halben Stunde wieder zu Hause sein.

Anita

Ich bin schon seit einer Viertelstunde da.

Nils

> Eine Stunde hat 60 Minuten.   1 h = 60 min
> Eine halbe Stunde hat 30 Minuten. $\frac{1}{2}$ h = 30 min
> Eine Viertelstunde hat 15 Minuten. $\frac{1}{4}$ h = 15 min
> Eine Dreiviertelstunde hat 45 Minuten. $\frac{3}{4}$ h = 45 min

5 a) Stelle die Uhrzeit an der Lernuhr ein.

b) Wie spät ist es in einer Viertelstunde, in einer halben Stunde, in einer Dreiviertelstunde?

Stunden, Minuten, Sekunden

2400 Jahre alte Auslaufwasseruhr

Info

Früher verwendete man zur Zeitmessung Sonnen- und Wasseruhren. Wasseruhren hatten eine Öffnung dicht über dem Boden und Markierungen innen. Das eingefüllte Wasser tropfte aus der Öffnung. An den Markierungen innen las man die Zeit ab. Mithilfe der Tropfen wurden kleine Zeitspannen gemessen.

 a) Woher kommt die Redewendung „Die Zeit ist abgelaufen."?
b) Wie werden heute kleine Zeitspannen gemessen?
c) Wo kommt es auf möglichst genaue Zeitmessungen an? Nennt Beispiele.

2 Arbeitet mit einer Stoppuhr.

a) Zählt 1 Minute lang die Sekunden mit.

b) Schließe die Augen und öffne sie nach geschätzten 5 s (10 s, 30 s und 60 s) wieder. Dein Partner prüft mit der Stoppuhr.

c) Bei welchen Zeitspannen waren eure Schätzungen gut?

3 a) Sprecht laut die Zahlen von 21 bis 30. Schätzt, wie viele Sekunden ihr dazu benötigt habt.

b) Sprecht die Zahlen noch einmal. Messt die Zeit mit einer Stoppuhr. Vergleicht eure Schätzungen mit den tatsächlichen Zeitdauern.

Eine Minute hat 60 Sekunden.

1 min = 60 s

4 Wie viele Sekunden sind es?

a) 2 min   b) 5 min   c) 1 min 10 s   d) 2 min 10 s
4 min   10 min   1 min 30 s   3 min 20 s

S. 7 6	Nr. 4		
a) 2 min	=	1 2 0	s

5 Wie viele Minuten und Sekunden sind es?

a) 65 s   b) 90 s   c) 120 s   d) 300 s
85 s   99 s   240 s   420 s

S. 7 6	Nr. 5		
a) 6 5 s	= 1 min	5	s

2 bis 5 Immer wieder mit einer Uhr arbeiten und Vorstellungen zur Größe Zeit entwickeln; darüber reflektieren, wie unterschiedlich Vorstellungen empfunden werden und wovon es abhängen kann, ob eine Zeitspanne als lang oder kurz empfunden wird

6 Bei einem Leichtathletik-Wettbewerb gab es einen 800-m-Lauf. Ordne die Kinder nach den Zeiten. Schreibe in Minuten und Sekunden.

S.	7	7	Nr.	6			
1.	Nino	3	min	5	5	s	
2.							

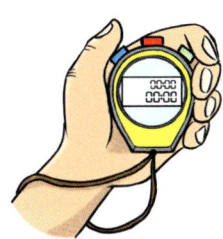  Toni 05:40  Lisa 04:21  Nino 03:55 Verena 06:20 Andi 06:02

7 Wie viele Minuten sind es?
a) 1 h
b) 2 h
c) 5 h
d) 1 h 15 min
e) 2 h 30 min
f) 1 h 23 min
g) $\frac{1}{2}$ h
h) $\frac{1}{4}$ h
i) $1\frac{1}{2}$ h

1 h = 60 min

8 Wie viele Stunden und Minuten sind es?
a) 70 min
b) 90 min
c) 100 min
d) 130 min
e) 150 min
f) 65 min
g) 85 min
h) 185 min
i) 300 min
k) 1 000 min

S.	7	7	Nr.	8					
a)	7	0	min	=	1	h	1	0	min

9 Ergänze die Tabellen im Heft.

a)
Zeit	
1 h	60 min
2 h	min
4 h	min

b)
Zeit	
10 h	min
5 h	min
3 h	min

c)
Zeit	
2 min	s
4 min	s
8 min	s

10 Die Entfernung eines Gewitters kann man schätzen. Man zählt die Sekunden zwischen dem Sehen eines Blitzes und dem Hören des Donners. Nimmt man die nächstkleinere Zahl der 3er-Reihe und teilt sie durch 3, so erhält man die Entfernung zum Gewitter in Kilometern. Lege eine Tabelle bis 10 km im Heft an.

 Wenn ich zum Beispiel bis 11 gezählt habe, teile ich 9 durch 3. Dann ist das Gewitter etwa 3 km entfernt.

Zahl der 3er-Reihe	3	6	9	12
Entfernung	1 km	2 km		

8 Beim Umrechnen von Minutenangaben in Stunden und Minuten über die Vielfachen von 60 den Lösungen nähern; dabei kann auf die kleinen Einmaleinsaufgaben zurückgegriffen werden

Arbeitsheft S. 42

Zeitpunkte und Zeitspannen

Info

Sonnenaufgang und Sonnenuntergang bestimmen viele Abläufe in der Natur. Auch wir Menschen richten uns danach. Im Laufe des Jahres ändern sich die Tages- und Nachtlängen. Sie hängen außerdem davon ab, ob man mehr im Süden oder im Norden wohnt.

①
a) Wann sind heute in eurer Stadt Sonnenaufgang und Sonnenuntergang? Sucht im Internet oder lest in einer Tageszeitung nach.

b) Berechnet die Zeitspanne zwischen Sonnenaufgang und Sonnenuntergang.

② Nils und Anita berechnen für Berlin die Tageslänge des 28. Februar. Erklärt, wie die beiden Kinder gerechnet haben.

Sonnenaufgang   Sonnenuntergang

Nils:
6.55 Uhr →(5 min)→ 7.00 Uhr →(10 h)→ 17.00 Uhr →(45 min)→ 17.45 Uhr
Zeitspanne: 10 h 50 min

Anita:
6.55 Uhr →(10 h)→ 16.55 Uhr →(50 min)→ 17.45 Uhr
Zeitspanne: 10 h 50 min

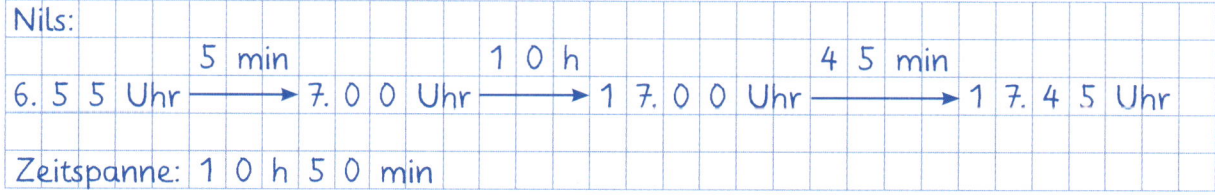

Zwischen zwei Zeitpunkten liegt eine Zeitspanne.

11.55 Uhr —8h 15min→ 20.10 Uhr
Zeitpunkt   Zeitspanne   Zeitpunkt

③ Berechne die Tageslängen. Verwende deine Lernuhr.
a) Sonnenaufgang: 5.00 Uhr
Sonnenuntergang: 21.23 Uhr

b) Sonnenaufgang: 4.50 Uhr
Sonnenuntergang: 21.30 Uhr

1b) Als Lösung reichen ungefähre Angaben
2 Die unterschiedlichen Lösungsschritte nachvollziehen und erklären

4

	Datum	Sonnenaufgang	Sonnenuntergang
Hamburg	21. Juni	4.51 Uhr	21.51 Uhr
	21. Dezember	8.34 Uhr	16.01 Uhr
Freiburg	21. Juni	5.29 Uhr	21.31 Uhr
	21. Dezember	8.16 Uhr	16.38 Uhr

a) Wie lange dauert es in Hamburg von Sonnenaufgang bis Sonnenuntergang?

b) Wie lange dauert es in Freiburg von Sonnenaufgang bis Sonnenuntergang?

c) Vergleiche die Ergebnisse von Hamburg und Freiburg. Was fällt dir auf?

5 Wie lange machst du Hausaufgaben? Schreibe eine Woche lang täglich deine Zeiten auf. Vergleiche mit anderen Kindern.

6 a) Verena fährt mit ihrer Familie mit der Bahn von Dresden nach Hamburg. Die Fahrt dauert 5 h 33 min. Wann kommen sie in Hamburg an?

Hin-fahrt	Dresden Hbf. ab	09.21
	Hamburg Hbf. an	
Rück-fahrt	Hamburg Hbf. ab	
	Dresden Hbf. an	18.32

b) Eine Woche später fahren sie zurück. Die Rückfahrt dauert 4 h 54 min. Wann sind sie in Hamburg abgefahren?

c) Woran kann es liegen, dass Hin- und Rückfahrt unterschiedlich lang dauern?

7 Berechne die fehlenden Ankunftszeiten und Abfahrtszeiten.

a)
Abfahrt	Fahrzeit	Ankunft
7.15 Uhr	3 h 20 min	
8.45 Uhr	5 h 10 min	
9.45 Uhr	7 h 25 min	

b)
Abfahrt	Fahrzeit	Ankunft
	2 h 10 min	17.15 Uhr
	6 h 20 min	15.15 Uhr
	8 h 45 min	18.13 Uhr

8 Schreibe zu jeder Skizze eine passende Rechengeschichte.

a)

b)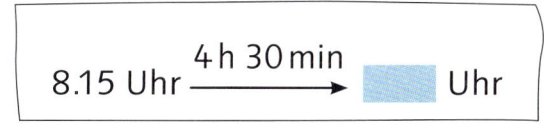

Schriftlich addieren und subtrahieren

Schriftliche Addition ohne Übertrag

① Erklärt, wie die Kinder die Aufgabe lösen.

Losverkauf auf dem Schulfest
Toni: 342 Lose
Ina: 251 Lose
Insgesamt: ___ Lose

342 + 251

```
H Z E
3 4 2
+ 2 5 1
_____
      3
```

Ich schreibe untereinander. Dann beginne ich an der Einerstelle und rechne 1 + 2 = 3.

Lara

Ich schiebe an jeder Stelle zusammen.

Simon

Ali

Ich sehe an jeder Stelle, wie viele es sind.

② Addiert schriftlich. Erklärt euer Vorgehen.

a)
```
H Z E
2 3 4
+1 5 2
```

b)
```
H Z E
4 2 5
+1 3 2
```

c)
```
H Z E
1 5 4
+2 4 3
```

d)
```
H Z E
3 1 3
+1 7 5
```

S. 80 Nr. 2
a)
```
H Z E
2 3 4
+1 5 2
_____
    6
```

③ Addiere schriftlich.

a)
```
3 5 1
+2 1 4
```

b)
```
4 2 6
+2 5 2
```

c)
```
6 2 1
+1 7 8
```

d)
```
4 7 3
+2 2 4
```

S. 80 Nr. 3
a)
```
3 5 1
+2 1 4
```

565, 678, 697, 799

④ a) 4 5 5
     +2 3 1
     _____

b) 5 4 3
   +3 2 2
   _____

c) 4 7 3
   +5 0 6
   _____

d)   3 8
   +7 4 1
   _____

e) 8 2 5
   + 5 3
   _____

⑤ Schreibe richtig untereinander und addiere.

a) 341 + 217   b) 255 + 321   c) 617 + 280   d) 432 + 353   e) 625 + 64

Schriftliche Addition mit Übertrag

1 Erklärt, wie die Kinder die Aufgabe lösen.

Losverkauf im letzten Jahr
Lisa: 325 Lose
Andi: 217 Lose
Insgesamt: ☐ Lose

325 + 217

H	Z	E
3	2	5
+2	1	7
	2	

Simon: „Ich schreibe untereinander und rechne 7 + 5 = 12. Ich schreibe 2 und übertrage 1."

Nina: „Ich bündle 12 Einer zu 1 Zehner und 2 Einer."

Lara

2 Addiert schriftlich. Erklärt euer Vorgehen.

a) H Z E
   2 5 8
 + 1 2 4

b) H Z E
   3 5 7
 + 2 3 5

c) H Z E
   4 2 5
 + 2 5 6

d) H Z E
   3 1 9
 + 4 7 3

S. 81 Nr. 2
a) H Z E
   2 5 8
 + 1 2 4
       1
       2

3 Addiere schriftlich.

a)   2 5 6
   + 3 2 5

b)   4 3 5
   + 2 4 8

c)   7 1 8
   +   7 7

d)   5 8
   + 8 2 6

S. 81 Nr. 3
a)   2 5 6
   + 3 2 5

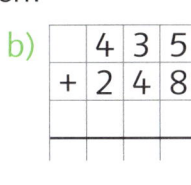 581, 683, 795, 884

Aufgabe: 425 + 138
Schreibe die Zahlen richtig untereinander.
Beginne an der Einerstelle.
Denke an den Übertrag.

```
  4 2 5
+ 1 3 8
    1
  5 6 3
```

Sprich:
8 + 5 = **13**, schreibe 3, übertrage 1
1 + 3 + 2 = **6**, schreibe 6,
1 + 4 = **5**, schreibe 5

4 Schreibe richtig untereinander und addiere.

a) 241 + 139   b) 348 + 246   c) 408 + 237   d) 36 + 359   e) 618 + 74

Übungen zur schriftlichen Addition

1 Erklärt, wie Ali rechnet.

3 + 4 = 7   Ich schreibe 7,
7 + 5 = 12 ich schreibe 2
            und übertrage 1,
1 + 1 + 2 = 4 ich schreibe 4.

2
a)
H	Z	E
3	4	3
+1	8	6

b)
H	Z	E
4	5	4
+2	6	3

c)
H	Z	E
5	3	0
+2	8	9

d)
H	Z	E
1	7	4
+7	6	5

e)
H	Z	E
8	6	5
+	7	3

3
a) 132 + 295
b) 341 + 278
c) 474 + 163
d) 362 + 453
e) 583 + 376

4 Schreibe richtig untereinander und addiere.

a) 146 + 183
245 + 138
371 + 157

b) 238 + 136
316 + 275
454 + 128

c) 236 + 273
378 + 418
725 + 235

d) 681 + 247
762 + 84
63 + 727

329, 374, 383, 509, 528, 582, 591, 790, 796, 846, 928, 960

S. 82 Nr. 4
a)
```
  1 4 6
+ 1 8 3
    1
  _____
    2 9
```

5 Diese Aufgaben haben zwei Überträge. Addiere schriftlich.

a) 297 + 135
164 + 248
275 + 256

b) 368 + 283
382 + 239
456 + 188

c) 475 + 238
495 + 207
518 + 84

d) 569 + 339
718 + 182
674 + 326

S. 82 Nr. 5
a)
```
  2 9 7
+ 1 3 5
  1 1
  _____
    3 2
```

6 Welche Aufgaben kannst du im Kopf rechnen?
Welche rechnest du schriftlich? Begründe deine Auswahl.

im Kopf rechnen
schriftlich rechnen

a) 250 + 150
143 + 200
269 + 102
316 + 187

b) 207 + 302
245 + 238
383 + 222
404 + 66

c) 700 + 258
458 + 399
383 + 427
421 + 74

5 Das Auftreten von Überträgen an verschiedenen Stellen thematisieren

7 Erklärt, wie die Kinder den Fehler gefunden haben. Rechnet richtig.

8 Welche Lösungskarte könnte passen? Überschlage und addiere schriftlich.

| 252 | 611 | 807 | 913 | 1 000 |

a) 2 2 6
  + 3 8 5
  ———

b) 3 4 0
  + 4 6 7
  ———

c)   8 7
  + 1 6 5
  ———

S. 8 3	Nr. 8							
a) Ü:	2	2	0	+	3	8	0	= 6 0 0
			2	2	6			
	+		3	8	5			

d) 4 1 8
  + 4 9 5
  ———

e) 3 7 2
  + 6 2 8
  ———

9 Vorsicht Fehler: Prüfe mit einem Überschlag. Addiere schriftlich im Heft.

a) 2 8 5
  + 3 2 4
    1
    6 0 9

b) 3 7 6
  + 2 4 5

    5 1 1

c) 4 5 6
  + 1 4 2

    5 9 8

d) 5 6 7
  + 2 3 5
    1
    7 0 2

e) 6 6 6
  + 2 4 4

    8 0 0

10 Rechne.

a) 158 + 189 + 276

   427 + 45 + 180

   340 + 158 + 317

b) 228 + 307 + 114

   328 + 247 + 116

   77 + 296 + 627

11 Finde die Aufgaben, bei denen kein Übertrag entsteht. Rechne sie zuerst.

a) 123 + 205
   149 + 243
   187 + 256

b) 168 + 223
   258 + 440
   87 + 256

c) 389 + 287
   367 + 342
   456 + 31

d) 243 + 105 + 321
   434 + 126 + 215
   658 + 86 + 178

Schriftliche Subtraktion ohne Übertrag: Ergänzen*

 **1** Erklärt, wie die Kinder rechnen.

 **2** Subtrahiert schriftlich. Erklärt euer Vorgehen.

a)
H	Z	E
2	6	7
−1	5	4

b)
H	Z	E
3	2	7
−2	1	5

c)
H	Z	E
4	8	4
−3	6	2

d)
H	Z	E
6	7	4
−4	5	3

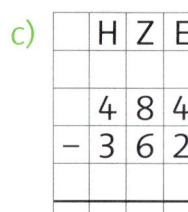

3 Subtrahiere schriftlich.

a)
2	5	8
−1	3	5

b)
3	7	9
−2	4	6

c)
5	6	7
−5	4	5

d)
8	3	8
−6	1	7

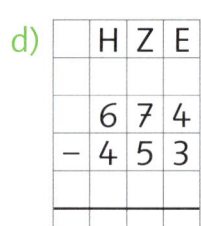

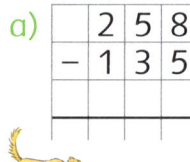 22, 123, 133, 221

4
a) 3 9 5
  − 1 3 5

b) 5 5 7
  − 3 2 4

c) 6 8 6
  − 2 1 3

d) 7 6 7
  − 4 0 1

e) 8 8 4
  −   3 3

5 Schreibe richtig untereinander und subtrahiere.

a) 275 − 141
   294 − 173

b) 368 − 126
   397 − 267

c) 474 − 323
   585 − 274

d) 667 − 454
   778 − 63

e) 869 − 515
   986 − 73

 6 Subtrahiere. Was fällt dir auf?

a) 2 5 8
  − 1 4 1

b) 3 5 8
  − 2 4 1

c) 1 5 8
  −   4 1

d) 1 6 8
  −   5 1

e) 6 6 8
  − 5 5 1

*Ein Subtraktionsverfahren auswählen und Doppelseite mit dem Verfahren bearbeiten:
Hier (S. 84/85) Ergänzen mit Erweitern; (alternativ S. 86/87 Abziehen mit Entbündeln)
Unterschied zum halbschriftlichen Rechnen thematisieren

Schriftliche Subtraktion mit Übertrag: Ergänzen*

 ① Erklärt, wie die Kinder rechnen.

② Subtrahiert schriftlich. Erklärt euer Vorgehen.

a) H Z E
   3 7 1
− 1 2 8

b) H Z E
   4 3 2
− 2 1 4

c) H Z E
   5 4 3
− 3 2 9

d) H Z E
   6 8 4
− 4 5 7

S. 85 Nr. 2
a) H Z E
      10
   3 7 1
− 1 2 8
     1
       3

③ Subtrahiere schriftlich. Achte auf den Übertrag.

a)   3 2 6
− 1 8 1

b)   5 3 7
− 2 9 4

c)   5 1 9
− 1 7 8

d)   6 4 5
− 3 6 4

S. 85 Nr. 3
a)   10
   3 2 6
− 1 8 1
   1
    4 5

Aufgabe: 418 − 275

Schreibe die Zahlen richtig untereinander. Beginne an der Einerstelle. Denke an den Übertrag.

    10
4 1 8
− 2 7 5
1
1 4 3

Sprich:
5 + **3** = 8   schreibe 3,
7 + **4** = 11   schreibe 4, übertrage 1,
3 + **1** = 4   schreibe 1

④ a)   3 7 3
  − 1 5 9

b)   4 2 8
  − 2 9 4

c)   5 8 4
  −   6 7

d)   6 2 1
  − 3 8 6

e)   9 5 2
  − 4 8 5

⑤ Schreibe richtig untereinander und subtrahiere.

a) 251 − 138
   382 − 237

b) 453 − 227
   471 − 258

c) 527 − 382
   728 − 465

d) 837 − 286
   905 − 523

e) 724 − 378
   616 − 289

Schriftliche Subtraktion ohne Übertrag: Abziehen*

1 Erklärt, wie die Kinder die Aufgabe lösen.

Ich schreibe untereinander und beginne an der Einerstelle. Ich rechne von oben nach unten: 4 − 1 = 3.

Verliehene „Seepferdchen-Abzeichen"
Dieses Jahr: 254 Kinder
Letztes Jahr: 131 Kinder
Differenz:

254 − 131

H	Z	E
2	5	4
− 1	3	1
		3

Ich nehme weg: 1 Einer, 3 Zehner und 1 Hunderter.

Lara

Simon

2 Subtrahiert schriftlich. Erklärt euer Vorgehen.

a)
H	Z	E
	2	8	3
−	1	4	2

b)
H	Z	E
	3	6	8
−	2	3	4

c)
H	Z	E
	5	9	7
−	3	5	1

d)
H	Z	E
	7	9	5
−	2	6	3

S. 86 Nr. 2
a)
H	Z	E
	2	8	3
−	1	4	2
			1

3
a) 3 6 8
   − 2 4 3

b) 4 5 7
   − 3 2 4

c) 5 8 6
   − 5 3 2

d) 9 8 9
   −   7 3

S. 86 Nr. 3
a) 3 6 8
   − 2 4 3
           5

54, 125, 133, 916

4 Schreibe richtig untereinander und subtrahiere.

a) 258 − 125
   289 − 163

b) 348 − 134
   374 − 242

c) 476 − 365
   584 − 261

d) 666 − 324
   786 − 62

e) 885 − 432
   978 − 45

5 Subtrahiere. Was fällt dir auf?

a) 2 5 0
   − 1 4 0

b) 2 6 0
   − 1 5 0

c) 2 6 5
   − 1 5 5

d) 3 6 5
   − 2 5 5

e) 3 6 8
   − 2 5 8

*Ein Subtraktionsverfahren auswählen und Doppelseite mit dem Verfahren bearbeiten: Hier (S. 86/87) Abziehen mit Entbündeln; (alternativ S. 84/85 Ergänzen mit Erweitern) Unterschied zum halbschriftlichen Rechnen thematisieren

Schriftliche Subtraktion mit Übertrag: Abziehen*

1 Erklärt, wie die Kinder die Aufgabe lösen.

2 Subtrahiert schriftlich. Erklärt euer Vorgehen.

a)
H	Z	E
	2	7	4
−	1	4	5

b)
H	Z	E
	3	5	2
−	2	3	4

c)
H	Z	E
	4	8	5
−	3	2	7

d)
H	Z	E
	5	7	1
−	2	6	8

S. 87 Nr. 2
a)
H	Z	E
	6	14
	2	7̸	4̸
−	1	4	5
			9

 **Aufgabe: 417 − 136**

Schreibe die Zahlen richtig untereinander. Beginne mit dem Rechnen an der Einerstelle.

	3	11	
	4̸	1̸	7
−	1	3	6
	2	8	1

Sprich:
7 − 6 = **1** schreibe 1,
11 − 3 = **8** schreibe 8,
3 − 1 = **2** schreibe 2

3 Schreibe richtig untereinander und subtrahiere.

a) 265 − 136   b) 453 − 125   c) 564 − 382   d) 437 − 286   e) 778 − 385
   372 − 247   371 − 258   748 − 429   536 − 328   947 − 563

4 Wie rechnen Lara und Ali bei diesen Aufgaben? Erklärt und rechnet.

a)

	4	10	
	5̸	0̸	8
−	1	2	5
	▪	▪	3

605 − 289
700 − 237
900 − 478

b)

		15	
	3	5̸	11
	4̸	6̸	1̸
−	2	7	3
	▪	▪	8

342 − 165
533 − 248
821 − 476

Übungen zur schriftlichen Subtraktion

1 Welches Ergebnis könnte stimmen? Überschlage und überlege.

Mein Überschlag: 500 − 200

a) 4 8 3
   − 2 1 2
   ─────
   [171] [271]
   [371]

b) 4 9 6
   −   8 7
   ─────
   [349] [409]
   [489]

c) 7 6 9
   − 2 7 5
   ─────
   [494] [567]
   [584]

2 Welches Ergebnis könnte stimmen? Überschlage und überlege.

Mein Überschlag: 680 − 280

a) 6 8 3
   − 2 8 7
   ─────
   [396] [426]
   [446]

b) 7 2 9
   − 5 3 6
   ─────
   [163] [193]
   [233]

c) 9 1 2
   − 2 5 7
   ─────
   [505] [585]
   [655]

3 Überschlage und subtrahiere schriftlich.

a) 268 − 124
268 − 137
268 − 153
268 − 55

b) 482 − 273
482 − 354
482 − 395
482 − 96

c) 763 − 261
763 − 375
763 − 586
763 − 74

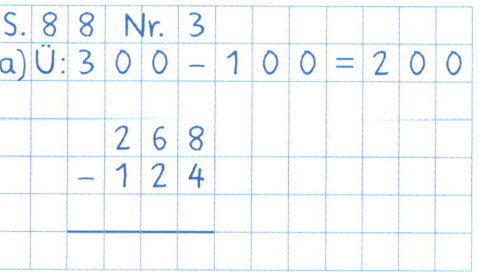

4 Welche Aufgaben kannst du im Kopf rechnen? Welche rechnest du schriftlich?

a) 200 − 170
357 − 123
589 − 300
400 − 235

b) 305 − 295
500 − 367
817 − 534
643 − 81

c) 710 − 590
802 − 798
887 − 619
938 − 879

5 Übertrage ins Heft. Ergänze die fehlenden Ziffern.

a)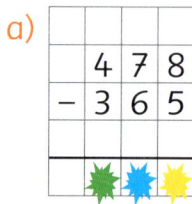
b)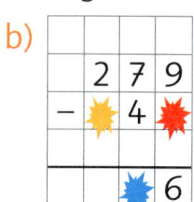
c)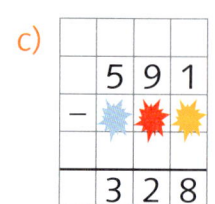
d)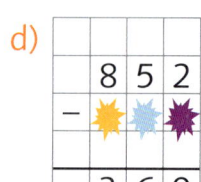
e)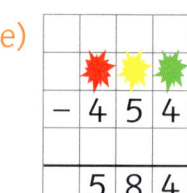

Übungen zur schriftlichen Addition und Subtraktion

 1 Rechne im Kopf oder schriftlich. Welche Aufgaben sind für dich nicht lösbar?

a) 280 + 120	b) 503 + 105	c) 200 − 130	d) 300 − 350	e) 451 − 78
349 + 276	755 + 225	378 − 200	423 − 432	542 − 357
478 + 267	187 + 568	448 − 286	508 − 512	757 − 557
0 + 784	584 + 376	366 − 363	628 − 682	873 − 698

 **2** Welche Fehler wurden gemacht? Erklärt und rechnet richtig im Heft.

a) 326 + 218

```
  3 2 6
+ 2 1 8
-------
  5 3 4
```

b) 57 + 426

```
    5 7
+ 4 2 6
-------
  9 9 6
```

c) 683 − 54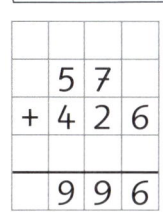

```
  6 8 3
−   5 4
-------
  1 4 3
```

d) 562 − 314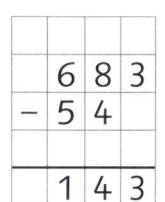

```
  5 2 6
− 3 1 4
-------
  2 1 2
```

3 Bei diesen Aufgaben kann der Übertrag größer als 1 sein.

a)
```
  2 5 3
+ 1 3 2
+ 2 2 5
```

b)
```
  3 2 8
+ 1 6 7
+ 2 0 6
```

c)
```
  2 1 9
+ 3 2 7
+   4 8
```

d)
```
  1 9 1
+ 2 7 5
+ 3 5 2
```

e)
```
  2 8 6
+ 4 5 7
+ 1 9 4
```

 **4** Wählt drei Zahlenkarten und bildet Additionsaufgaben. Die Summe soll möglichst nahe an 1000 sein. Prüft mit einer schriftlichen Rechnung.

| 218 | 429 | 378 | 412 | 85 | 312 | 900 |
| 750 | 60 | 549 | 96 | 214 | 30 | 414 |

S. 89 Nr. 4
```
    4 1 4
+     9 6
+   4 2 9
```

5 Die Wildline Hängeseilbrücke im Schwarzwald ist 380 m lang. 79 m länger ist die Titan-RT im Oberharz, Deutschlands längste Hängeseilbrücke. Die weltweit längste Hängeseilbrücke ist in der Schweiz. Ihr fehlen nur 6 m bis zu einer Länge von einem halben Kilometer.
Berechne die fehlenden Längen.

Schriftliches Rechnen mit Kommazahlen

1 Was kosten der Füller und die Patronen zusammen?
Erklärt, wie die Kinder rechnen.

2 Übertrage ins Heft und addiere schriftlich.

a) 2,35 €
  + 1,43 €

b) 4,76 €
  + 3,15 €

c) 5,72 €
  + 2,46 €

d) 2,36 €
  + 6,95 €

3 Überschlagt zuerst und addiert dann schriftlich.
Kontrolliert die Ergebnisse mit euren Überschlägen.

Ich überschlage und rechne 3 € + 1 €.

a) 3,46 € + 1,31 €
   2,32 € + 3,73 €
   5,43 € + 0,35 €
   4,74 € + 2,15 €

b) 4,31 € + 3,49 €
   6,47 € + 2,45 €
   7,83 € + 1,32 €
   8,25 € + 4,53 €

4 Addiere schriftlich oder rechne im Kopf.
Denke an die Kommaschreibweise.

a) 21,50 € + 10,50 €
   16,80 € + 11,20 €
   15,67 € + 35,08 €

b) 11 € 30 ct + 14 € 70 ct
   25 € 90 ct + 10 € 60 ct
   65 € 91 ct + 24 € 9 ct

5

a) 3,50 m + 2,30 m
   9,85 m + 4,75 m
   8,06 m + 0,54 m

b) 1 m 25 cm + 2 m 15 cm
   6 m 38 cm + 3 m 62 cm
   17 m 86 cm + 14 m 8 cm

6 Übertrage ins Heft und subtrahiere. Schreibe Komma unter Komma.

a) 4,85 €
   − 2,64 €
   ─────

b) 6,42 €
   − 1,24 €
   ─────

c) 5,00 €
   − 2,37 €
   ─────

d) 20,00 €
   − 12,63 €
   ──────

e) 2,78 m
   − 1,35 m
   ─────

f) 4,61 m
   − 3,39 m
   ─────

g) 5,26 m
   − 3,81 m
   ─────

h) 8,42 m
   − 7,85 m
   ─────

26,35 € + 7,86 €
Überschlag: 26 € + 8 € = 34 €

	2	6	,	3	5	€
+		7	,	8	6	€

Schreibe Komma unter Komma.

19,82 m − 2,68 m
Überschlag: 20 m − 3 m = 17 m

	1	9	,	8	2	m
−		2	,	6	8	m

7 Subtrahiere schriftlich oder rechne im Kopf.

a) 5,50 € − 2,20 €
   6,75 € − 4,65 €
   7,92 € − 4,08 €
   8,43 € − 5,81 €

b) 12,78 € − 1,38 €
   50,00 € − 27,50 €
   89,43 € − 19,43 €
   68,57 € − 43,85 €

c) 6,72 m − 2,65 m
   7,88 m − 4,28 m
   27,18 m − 13,43 m
   50,00 m − 28,90 m

8 Wie viel Geld bekommen die Kunden zurück? Notiere im Heft.

a)

Stadt-Bäckerei	EUR
6 Brötchen	3,40
3 Apfeltaschen	4,50
2 Laugenstangen	1,80
Summe	

b)

Tierparadies	EUR
4 kg Katzenstreu	23,99
6 Futterboxen	17,49
20 Kaustäbe	10,49
Summe	

c)

Elektroladen	EUR
1 TV 38 Zoll	287,90
Zubehör	63,99
8 Batterien	6,83
Summe	

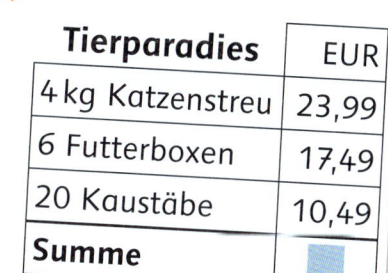

9 Bringt Werbeprospekte mit.
Sucht drei Dinge aus und berechnet den Gesamtpreis.

Sachrechnen: Informationen entnehmen

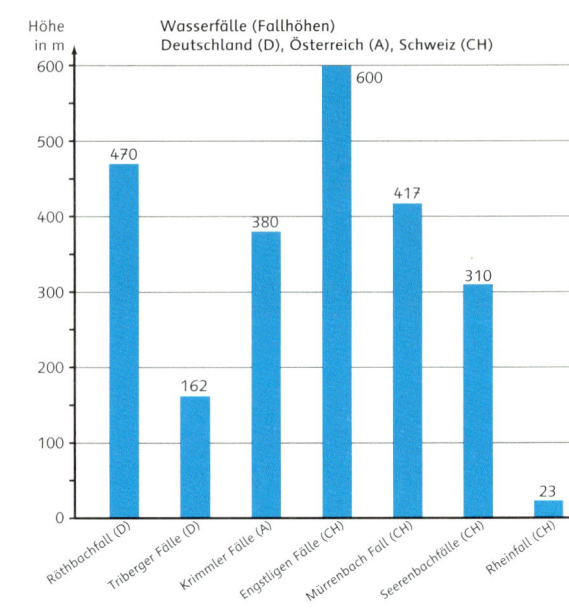

1 Welche Informationen könnt ihr dem Diagramm entnehmen? Beschreibt, wie die Wasserfälle im Diagramm angeordnet sind.

2 Erstelle eine Tabelle. Ordne die Wasserfälle nach ihrer Fallhöhe. Beginne mit dem Wasserfall, der die größte Fallhöhe hat.

3 a) Wie groß ist die Differenz zwischen den beiden größten Fallhöhen?

b) Berechne für die beiden deutschen Wasserfälle die Differenz der Fallhöhen.

c) Wie groß ist der Unterschied zwischen den Fallhöhen des höchsten und des niedrigsten Schweizer Wasserfalls?

4 Welche der oben genannten Wasserfälle sind gesucht?

a) Der Wasserfall ist 447 m höher als der Rheinfall.

b) Der Wasserfall ist etwa halb so hoch wie der höchste Wasserfall in der Schweiz.

c) Der Höhenunterschied der beiden Wasserfälle beträgt 218 m.

d) Der Wasserfall ist 817 m niedriger als die 979 m hohen Angels Falls in Südamerika.

5 Stellt euch weitere Rätsel zu Wasserfallhöhen. Sucht im Internet unter „Hohe Wasserfälle".

Fallhöhe bezeichnet bei einem Wasserfall die Strecke, die das Wasser fallend von oben nach unten zurücklegt

Wiederholung

① a) 236 + 142   b) 362 + 423   c) 437 + 354   d) 585 + 263   e) 865 + 86

② Addiere schriftlich oder rechne im Kopf.

a) 273 + 114   b) 421 + 268   c) 245 + 136   d) 333 + 284   e) 285 + 347
   352 + 200   644 + 240   376 + 213   524 + 399   452 + 307
   505 + 175   732 + 64   586 + 304   726 + 74   67 + 876

381, 387, 552, 589, 617, 632, 680, 689, 759, 796, 800, 884, 890, 923, 943

③ a) 384 − 151   b) 578 − 263   c) 379 − 137   d) 608 − 276   e) 734 − 578

④ Subtrahiere schriftlich oder rechne im Kopf.

a) 386 − 163   b) 482 − 175   c) 273 − 157   d) 348 − 254   e) 760 − 235
   450 − 230   558 − 327   367 − 249   736 − 671   606 − 456
   698 − 376   786 − 46   648 − 409   801 − 475   914 − 587

65, 94, 116, 118, 150, 220, 223, 231, 239, 307, 322, 326, 327, 525, 740

⑤ Rechne schriftlich oder im Kopf.

a) 6,31 € + 3,47 €   b) 8,64 € − 3,52 €   c) 6,32 m − 2,30 m
   8,47 € + 0,53 €   9,00 € − 6,73 €   9,18 m − 6,78 m
  38,37 € + 25,82 €   56,53 € − 26,71 €   90,00 m − 48,35 m

⑥ Wie viel Geld bekommen die Kunden zurück? Notiere im Heft.

a)
Bäckerei Gutbrot	EUR
Brötchen	5,85
Apfeltasche	1,50
Laugenstangen	3,60
Summe	

b)
Alles für die Katz	EUR
Trockenfutter	8,49
Nassfutter	14,85
Bio-Katzenstreu	11,45
Summe	

📖 Schreibe zwei Additionsaufgaben und zwei Subtraktionsaufgaben auf. Jeweils eine solltest du im Kopf rechnen und eine schriftlich.

Projekt: Besondere Aufgaben

Zahlen und Operationen

1 Welche Rechnung passt? Notiere im Heft und verbinde.

A Noa hat 42 Sticker.
Er schenkt Toni 7 Sticker.

B Die Schule kauft 7 Ball-Sets.
Jedes kostet 42 €.

C Sulola hat 42 € gespart.
Opa schenkt ihr 7 €.

D Herr Heck kauft 7 Kinokarten.
Er bezahlt 42 €.

42 + 7
42 : 7
42 − 7
42 · 7

2 Nils hat gerechnet. Sein Ergebnis ist falsch.
Erkläre den Fehler und rechne richtig.

```
  528
− 243
-----
  385
```

3 Ina hat Einmaleinsaufgaben gerechnet.
Welches Ergebnis ist falsch? Begründe.

A 27   B 35   C 41   D 56   E 63

Raum und Form

4 Welcher Bauplan passt zu diesem Würfelgebäude?
Notiere den Buchstaben im Heft.

A | 2 | 2 | 1 | 1 |
  | 2 | 1 | 1 |

B | 2 | 2 | 2 | 1 |
  | 1 | 1 | 1 |

C | 2 | 2 | 1 | 1 |
  | 1 | 1 | 1 |

D | 1 | 2 | 1 | 1 |
  | 1 | 1 | 1 |

5 Ist die Figur ein Würfelnetz? Notiere im Heft und kreuze an.

A   B   C

6 Ali sagt: „Die Flächen sind alle gleich groß." Stimmt das? Begründe.

Größen und Messen

7) Lara hat drei unterschiedliche Münzen.
Welcher Geldbetrag kann es sein? Zeichne im Heft.

A 2,50 €   B 0,60 €   C 1,55 €   D 3,25 €   E 1,23 €

8) Simon hat notiert, wie weit seine Freunde beim Sportfest gesprungen sind.
Welche Angabe kann nicht stimmen? Begründe.

A Andi: 2,75 m   B Noa: 8 m 5 cm   C Ali: 285 cm   D Toni: 3 m 50 cm

9) Welche Maßeinheit passt? Notiere und verbinde im Heft.

A Länge des Klassenzimmers — €
B Gewicht eines Schulkindes — m
C Preis eines Schulranzens — kg
D Dauer einer Schulstunde — min

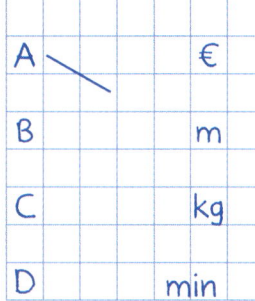

Daten, Häufigkeit, Wahrscheinlichkeit

10) Nina zieht zwei dieser Zahlenkarten und addiert die Zahlen.

3 4 5 6 7 8   Kreuze im Heft an.

	möglich	unmöglich
A Das Ergebnis ist größer als 15.	☐	☐
B Das Ergebnis ist 12.	☐	☐
C Das Ergebnis ist eine ungerade Zahl.	☐	☐
D Das Ergebnis ist 6.	☐	☐

11) Umfrage zum Lieblingstier: Was passt zusammen?
Notiere und verbinde im Heft.

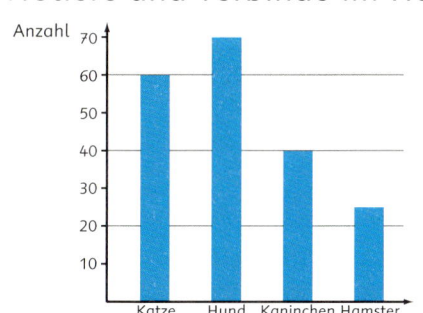

A Hamster — Platz 1
B Kaninchen — Platz 2
C Hund — Platz 3
D Katze — Platz 4

Daten, Häufigkeit, Wahrscheinlichkeit

Sachrechnen: Daten entnehmen

Burg Katz in St. Goarshausen

Info
Der Rhein ist eine der wichtigsten Wasserstraßen in Europa. Das **Obere Mittelrheintal** von Bingen bis Koblenz ist besonders bekannt für seine vielen Burgen und Schlösser. Es gehört seit 2002 zum Weltkulturerbe der UNESCO.

Schifffahrplan Burgentour am Rhein							
	09.00	14.00	Koblenz	13.10	18.10	20.10
	09.50	14.50	Rhens	12.30	17.25	19.25
	10.05	15.05	Braubach	12.20	17.20	19.20
09.00	11.00	16.00	Boppard	11.50	16.50	18.50
09.10	11.10	16.10	Kamp-Bornhofen	11.40	16.40	18.40
10.10	12.10	17.10	St. Goarshausen	11.05	16.05	18.05
10.20	12.20	17.20	St. Goar	10.55	15.55	17.55
10.50	12.50	17.50	Oberwesel	10.35	15.35	17.35
11.05	13.05	18.05	Kaub	10.25	15.25	17.25
11.30	13.30	18.30	Bacharach	10.15	15.15	17.15
11.40	13.40	18.40	Lorch	10.05	15.05	17.05
13.00	15.00	20.00	Bingen	9.30	14.30	16.30

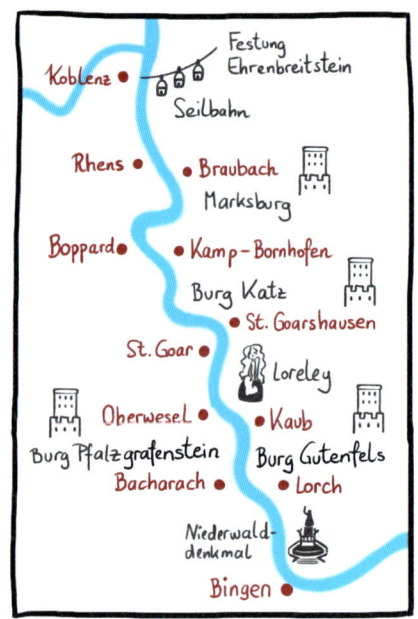

(1) Verenas Familie unternimmt einen Ausflug von Koblenz nach Boppard.
Wie lange dauert die Hinfahrt? Wie lange dauert die Rückfahrt?
Was fällt euch auf?

(2) Janick möchte mit dem Schiff einen Tagesausflug von Koblenz nach Bingen und zurück unternehmen. Wie findest du die Idee? Begründe.

(3) Sulolas Familie möchte mit dem Schiff von Boppard nach Kaub fahren.
Dort wollen sie die Burg Pfalzgrafenstein und die Burg Gutenfels besichtigen.
Nach ungefähr vier Stunden wollen sie zurückfahren.
Welche Verbindungen können sie nehmen?

(4) Schreibe drei eigene Aufgaben zu Ausflügen auf dem Rhein.

1 Tabelle muss je nach Fahrtrichtung von oben nach unten oder umgekehrt gelesen werden 2 Relation Fahrtzeit – Aufenthaltsdauer thematisieren 3 Unterschiedliche Möglichkeiten durchspielen 4 Aufgaben austauschen und lösen lassen

Preiszonen Mittelrhein	Bingen	Lorch	Bacharach	Kaub	Oberwesel	St. Goar	St. Goarshausen	Kamp-Bornhofen	Boppard	Braubach	Rhens	Koblenz
Koblenz	K	K	K	J	J	H	H	F	D	C	B	
Rhens	K	J	J	I	I	G	G	D	C	A		
Braubach	K	J	I	I	H	F	F	C	B			
Boppard	H	H	G	F	F	C	C	A				
Kamp-Bornhofen	H	G	F	F	E	C	C					
St. Goarshausen	G	E	D	C	B	A						
St. Goar	G	E	D	C	B							
Oberwesel	F	C	B	A								
Kaub	E	B	A									
Bacharach	D	A										
Lorch	C											
Bingen												

Fahrpreise in €		
Preiszone	Einfache Fahrt	Hin- und Rückfahrt
A	7,20	9,20
B	9,60	11,60
C	10,60	12,60
D	14,80	16,80
E	19,20	21,20
F	19,40	22,40
G	20,20	23,20
H	28,20	31,20
I	30,40	36,40
J	38,20	44,20
K	42,20	49,20

Kinder unter 16 Jahren zahlen die Hälfte.

5 In den beiden Tabellen sind Preise für Schifffahrten dargestellt. Erklärt, wie die beiden Tabellen zusammenhängen.

6 a) Wie viel kostet eine Fahrt für einen Erwachsenen von Koblenz nach Bingen?
b) Wie viel kostet eine Fahrt für einen Erwachsenen von St. Goar nach Bacharach?
c) Wie viel kostet eine Fahrt für einen Erwachsenen von Rhens nach Braubach?

7 Simon möchte mit seinem Vater von Lorch nach Oberwesel und wieder zurückfahren.
a) Wie viel kostet diese Fahrt für Simons Vater?
b) Wie viel kostet diese Fahrt für Simon?

8 Lisa möchte mit ihrer Mutter von Kaub nach St. Goarshausen fahren. Wie viel kostet die Fahrt für beide?

9 Lara hat eine Fahrkarte der Preiszone C von ihrer Oma geschenkt bekommen. Welche Orte kann sie von Boppard aus erreichen?

10 Welche Fahrten kosten für einen Erwachsenen genau 19,20 €?

11 Recherchiere zu Burgen am Rhein.

Sachrechnen: Diagramme lesen und erstellen

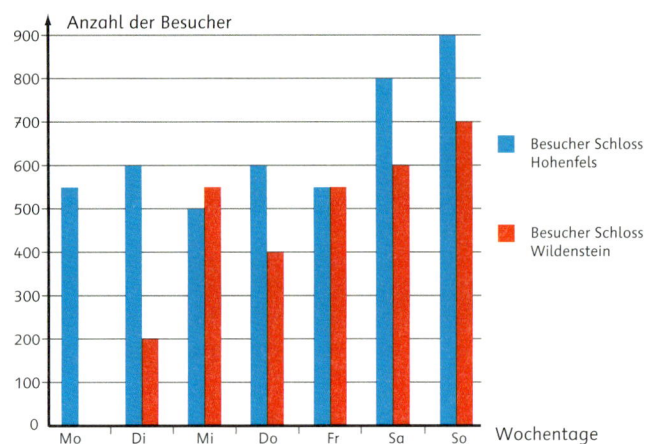

1 Die Besucherzahlen der Schlösser Hohenfels und Wildenstein werden regelmäßig erfasst. Was könnt ihr aus dem Diagramm ablesen?

Verwendet die Begriffe mehr , weniger , gleich viele , am meisten .

2 a) An welchem Tag kamen die wenigsten Besucher zum Schloss Hohenfels?
b) Wie viele Besucher kamen am Donnerstag zum Schloss Wildenstein?
c) Wann hat Schloss Wildenstein geschlossen?

3 Lies die Besucherzahlen von Schloss Hohenfels im Diagramm ab und schreibe sie in einer Tabelle auf.

S. 9 8 Nr. 3				
Wochentag		Mo		Di
Besucherzahl	5	5	0	

4 Welche Aussagen stimmen? Notiere im Heft.

A Am Freitag waren auf beiden Schlössern ungefähr gleich viele Besucher.
B Am Samstag kamen die meisten Besucher zu den Schlössern.
C Schloss Hohenfels hatte jeden Tag mehr als 400 Besucher.
D Insgesamt wollten mehr Besucher Schloss Wildenstein sehen.

5 Zeichne ein Diagramm für die Besucherzahlen. Überlege, wie viel Platz du im Heft benötigst.

Wochentag	Mo	Di	Mi	Do	Fr	Sa	So
Besucherzahl	200	250	400	250	300	500	600

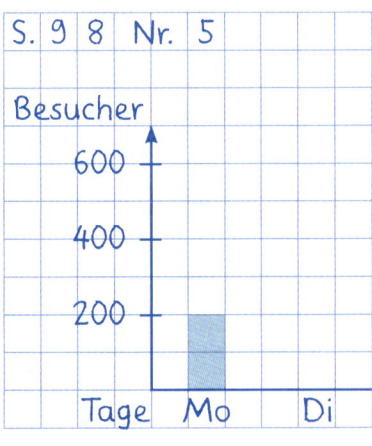

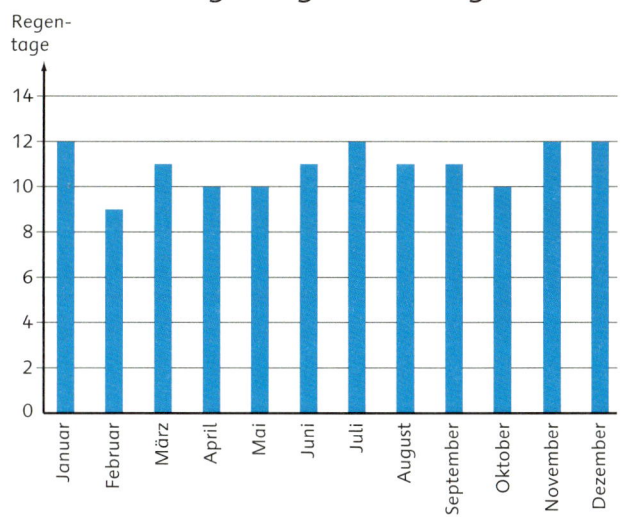
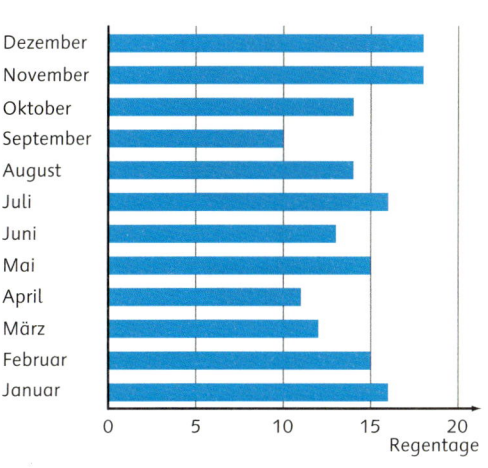

6 Vergleicht die Diagramme.
Beschreibt Gemeinsamkeiten und Unterschiede.

7 Welche Aussage passt zu welcher Stadt? Notiere im Heft.

A Im Februar gibt es die wenigsten Regentage.
B Im Juli und Dezember regnet es an gleich vielen Tagen.
C Im Dezember gibt es mehr Regentage als im März.
D Im Mai regnet es an 15 Tagen im Monat.

8 Schreibe eigene Aussagen zu den Diagrammen.

> Diagramme sind Schaubilder.
> Sie werden dazu verwendet, Daten übersichtlich darzustellen.
> Es gibt unterschiedliche Arten von Diagrammen.

Säulendiagramm
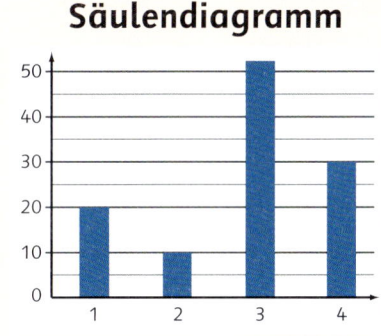

Balkendiagramm
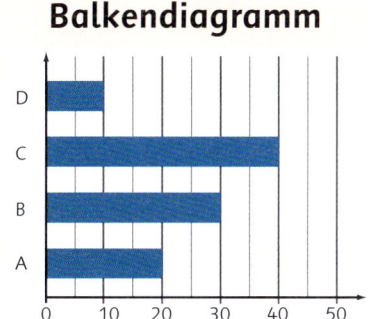

9 Zeichne ein Diagramm für die Regentage in München. Entscheide zuerst, ob du ein Säulendiagramm oder ein Balkendiagramm zeichnen willst.

Monat	Jan.	Feb.	Mär.	Apr.	Mai	Jun.	Jul.	Aug.	Sep.	Okt.	Nov.	Dez.
Regentage	11	10	10	11	12	13	12	11	8	8	1	10

7 Eine Teilaufgabe passt zu beiden Diagrammen
9 Überlegen, wie viel Platz je nach Diagrammart benötigt wird

Wahrscheinlichkeit

Info

Ein Glücksrad wird benutzt, um zu entscheiden, wer gewinnt. Es besteht aus einer drehbaren Scheibe, die in mehrere Felder eingeteilt ist. Nach dem Drehen hält es auf einem der Felder an.

1 Ina dreht das Glücksrad.

Ordnet die Begriffe möglich , unmöglich und sicher passend zu.

A (Das Glücksrad hält auf einem roten Feld.)

B (Das Glücksrad hält auf einem gelben Feld.)

C (Das Glücksrad hält auf einem roten oder auf einem blauen Feld.)

D (Das Glücksrad hält auf einem blauen Feld.)

2 a) Welches Glücksrad würdet ihr wählen? Begründet.

A (ROT gewinnt.)   B (BLAU gewinnt.)

1 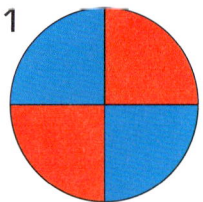   2 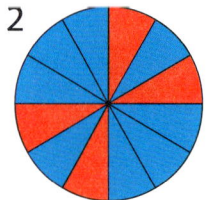   3 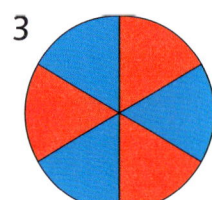   4 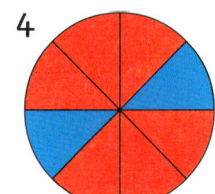   5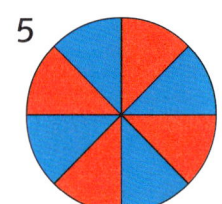

b) Bei welchen Glücksrädern sind die Gewinnchancen für ROT und BLAU gleich groß?

3 Nino hat Zahlen in die Felder des Glücksrades geschrieben.

a) Ordnet die Begriffe „möglich", „unmöglich" und „sicher" passend zu.

A (ROT **und** die Zahl 2)

B (BLAU **und** die Zahl 2)

C (ROT **und** die Zahl 1)

D (ROT **oder** die Zahl 3)

b) Finde eigene Beispiele für Ereignisse, die bei diesem Glücksrad möglich, unmöglich oder sicher sind.

④ a) Welches Glücksrad würdest du wählen? Begründe.

b) Bei welchem Glücksrad ist die Wahrscheinlichkeit am größten, dass GELB gewinnt?

⑤ Zeichne Glücksräder ins Heft.
Male sie mit Rot und Blau passend an.
a) Die Gewinnchancen für ROT sind größer.
b) Die Gewinnchancen für BLAU sind größer.
c) Die Gewinnchancen für ROT und BLAU sind gleich groß.

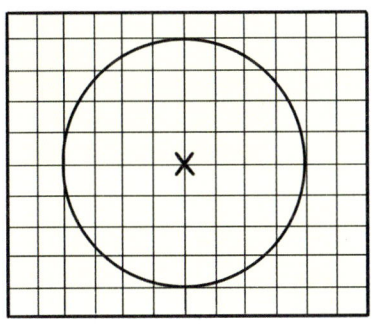

⑥ Nina und Ali spielen ein Würfelspiel.

Spielregel:
Ali gewinnt bei einer ungeraden Zahl.
Nina gewinnt bei einer geraden Zahl.

a) Vergleicht die Gewinnchancen. Ist die Spielregel fair? Begründet.
b) Spielt selbst nach dieser Regel.
c) Ist das Ergebnis so, wie ihr es erwartet habt? Erklärt.

⑦ Lara und Simon spielen ein Würfelspiel mit einer anderen Regel.
a) Vergleicht die Gewinnchancen. Ist die Spielregel fair? Begründet.
b) Spielt selbst nach dieser Regel. Erklärt.

Spielregel:
Lara gewinnt bei einer Zahl größer als 3.
Simon gewinnt bei einer Zahl kleiner als 3.

⑧ a) Schreibe eine faire Spielregel für ein Würfelspiel auf.
b) Schreibe eine unfaire Spielregel für ein Würfelspiel auf.

Kombinatorik

1 Lara hat Zweiertürme gebaut. Hat Simon Recht? Begründet.

Ich baue unterschiedliche Zweiertürme.

Das sind alle Möglichkeiten.

2 Sulola baut Zweiertürme. Sie hat gelbe, blaue und grüne Bausteine.

a) Malt jede Möglichkeit auf einen eigenen Zettel.
b) Sortiert die Zettel so, dass ihr erkennen könnt, ob ihr alle Möglichkeiten gefunden habt.
c) Malt die Zweiertürme geordnet ins Heft.

3 Nina hat blaue, rote und gelbe Bausteine. Wie viele verschiedene Zweiertürme kann sie bauen? Lege eine Tabelle an.

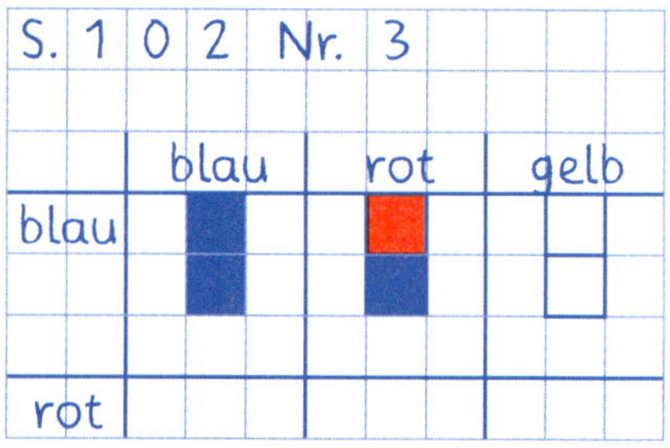

S. 102 Nr. 3

	blau	rot	gelb
blau	■	■	
rot			

4 Toni malt Türme aus einem Rechteck und einem Dreieck als Dach. Finde alle Möglichkeiten mithilfe einer Tabelle.

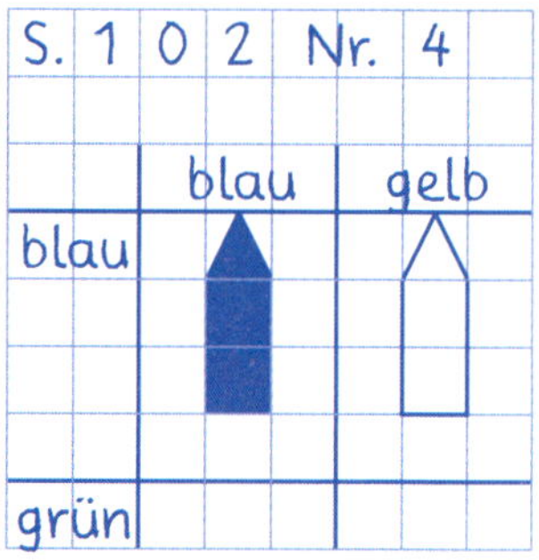

S. 102 Nr. 4

	blau	gelb
blau	▲	△
grün		

1 bis 4 Aufgaben möglichst nachspielen und Erfahrungen sammeln

5. Anita backt mit ihrem Vater Muffins für ihren Kindergeburtstag. Es gibt hellen Teig und Schokoteig. Die Papierförmchen sind rot, blau und grün. Wie viele Möglichkeiten gibt es? Lege im Heft eine Tabelle an.

Wie viele verschiedene Muffins gibt es?

6. Anitas Bruder hat alle Möglichkeiten auf eine andere Art übersichtlich aufgezeichnet. Übertrage ins Heft und vervollständige die Übersicht.

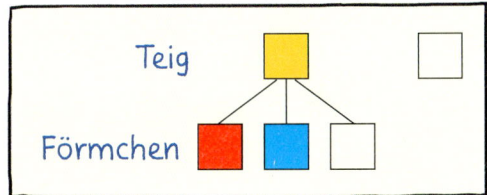

! In einem **Baumdiagramm** kann man alle Kombinationen geordnet darstellen.

In der unteren Reihe kann die Anzahl aller Kombinationen abgelesen werden.

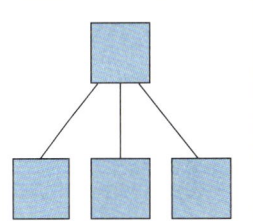

7. Anita möchte ihren Gästen ein kleines Gastgeschenk überreichen. Sie hat Schleifen in den Farben Blau, Orange und Grün. Sie hat gelbes und rotes Papier zum Verpacken. Finde alle Möglichkeiten mithilfe eines Baumdiagramms.

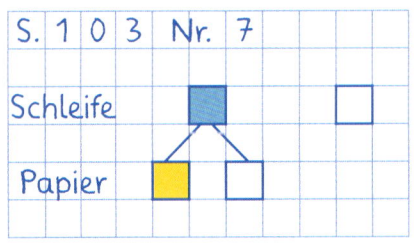

8. Für die Einladungen hatte Anitas Mutter Umschläge und Karten in den Farben Blau, Rot und Gelb gekauft.

a) Finde alle Möglichkeiten.
b) Wie viele Möglichkeiten gibt es, wenn Umschlag und Karte verschiedene Farben haben?

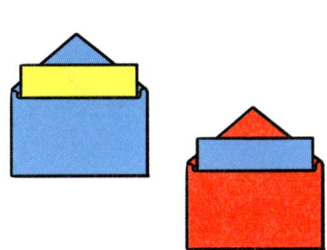

Wiederholung

Fahrplan Schaffhausen – Konstanz								
9.00	11.00	13.00	16.00	Schaffhausen	13.10	14.10	18.10	20.10
11.05	13.05	15.05	18.05	Stein am Rhein	11.55	12.55	16.55	18.55
11.50	13.50	15.50	18.50	Steckborn	11.05	12.05	16.05	18.05
12.25	14.25	16.25	19.25	Insel Reichenau	10.30	11.30	15.30	17.30
13.30	15.30	17.30	20.30	Konstanz	9.30	10.30	14.30	16.30

① a) Wie lange dauert die Fahrt von Schaffhausen nach Konstanz?
b) Wie lange dauert die Fahrt von Insel Reichenau nach Stein am Rhein?
c) Wie lange dauert die Fahrt von Konstanz zur Insel Reichenau und wieder zurück?

② a) Zeichne ein Diagramm für die Besucherzahlen im Technikmuseum.

Wochentag	Mo	Di	Mi	Do	Fr	Sa	So
Besucherzahl	200	250	400	300	300	450	600

b) Wie viele Besucher kamen am Mittwoch ins Technikmuseum?
c) An welchem Tag kamen die wenigsten Besucher ins Technikmuseum?

③ a) Welches Glücksrad würdest du wählen?

A BLAU gewinnt.   B GELB gewinnt.

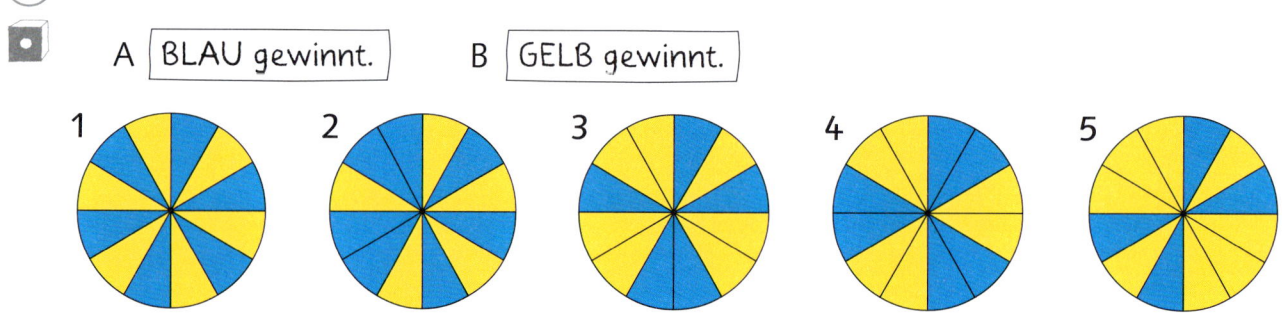

b) Bei welchen Glücksrädern haben BLAU und GELB gleich große Gewinnchancen?

④ Ina hat gelbe, blaue und rote Bausteine.
Wie viele verschiedene Zweiertürme kann sie bauen?
Finde alle Möglichkeiten mithilfe eines Baumdiagramms.

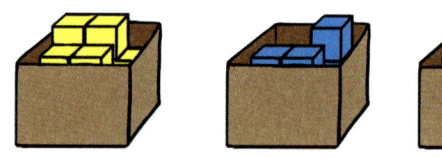

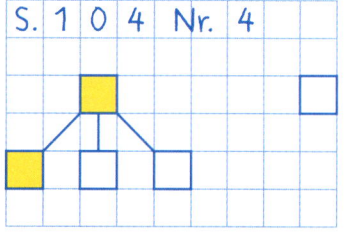

L Wähle zwei Farben für Bausteine. Wie viele Dreiertürme kannst du bauen?
Zeichne ein Baumdiagramm.

Knobelseite: Sudoku

1 Schaut euch die Zahlen in jeder Zeile und Spalte an. Erklärt die Regel.

„Ich habe ein Sudoku gelöst."

2	1	3
3	2	1
1	3	2

Info

Ein Sudoku ist ein Zahlenrätsel. Es wurde in den USA erfunden. Bekannt wurde es erst, als eine japanische Zeitschrift solche Rätsel druckte. In Japan bekam es den Namen Sudoku.

2 Übertrage ins Heft und löse die Sudokus.

a)
3		1
	3	
2		

b)
1		
3	2	
	1	

c)
		3
	3	
		1

3 Es gibt auch größere Sudokus.

a) Entdecke die Regeln mithilfe der Farben.

1	3	2	4
4	2	3	1
2	1	4	3
3	4	1	2

1	3	2	4
4	2	3	1
2	1	4	3
3	4	1	2

1	3	2	4
4	2	3	1
2	1	4	3
3	4	1	2

b) Überprüfe die Regeln an diesem Sudoku.

2	3	1	4
1	4	2	3
3	1	4	2
4	2	3	1

4 Übertrage die Sudokus ins Heft und löse sie mithilfe der Regeln.

a)
2			4
4	3		
	4	1	2
			3

b)
		2	
2	3		
4	1		3
	2	4	

c)
2			1
		4	
	3		4
4	2		3

d)
2	1		3
	4	1	
	3		
1		3	

5 Diese Sudokus sind schwieriger. Erkläre. Löse sie im Heft.

a)
	2		
	4	3	
			4
4	1	2	

b)
2			1
3	1	4	
	2	1	

c)
2			4
4			
	4	1	2

d)
			2
2	3		
	1		
		2	4

Linien und Flächen

Linien

1 a) Betrachtet in den Bildern jeweils das Seil. Beschreibt.

A    B    C

b) Sucht in eurer Umgebung nach geraden und gekrümmten Linien.

2 Welche der Linien sind gerade, welche sind gekrümmt?

a)    b)   c) 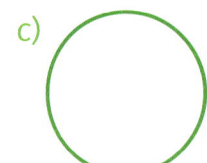   d)   e)    f)

3 Zeichne gerade und gekrümmte Linien auf Blankopapier.

a) Zeichne frei Hand.   b) Zeichne mit Lineal und Zirkel.

Gerade	Schnittpunkt
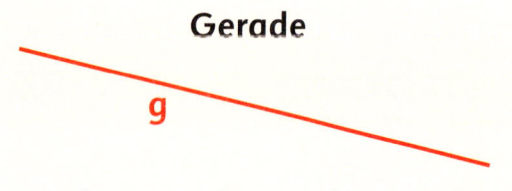	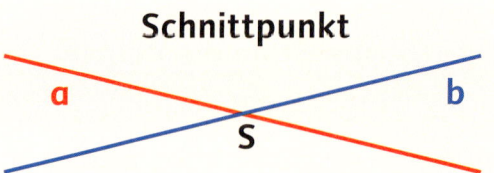
gerade Linie ohne Anfang und Ende	Zwei Geraden können sich in einem Punkt schneiden.

4 Übertrage die Geraden ins Heft. Bezeichne die Schnittpunkte.

a) 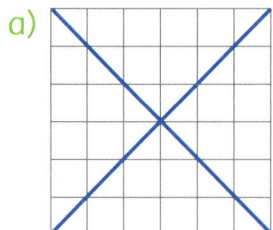   b) 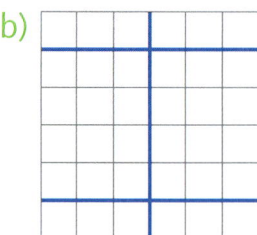   c)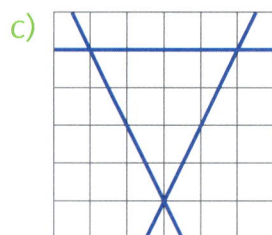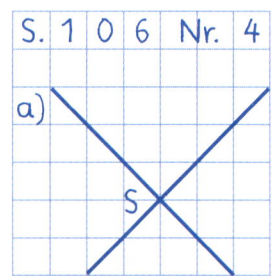

5 Überlege und zeichne.
  a) Wie viele Schnittpunkte können zwei Geraden haben?
  b) Wie viele Schnittpunkte können drei Geraden haben?
  c) Wie viele Schnittpunkte können vier Geraden haben?

4 Geraden werden mit Kleinbuchstaben bezeichnet, Punkte mit Großbuchstaben

Zueinander parallele Geraden

1 Betrachtet die Linien auf den Bildern.

A  B

a) Was fällt euch auf? Beschreibt.
b) Sucht in eurem Klassenzimmer gerade Linien, die sich nicht schneiden.
c) Sucht auf eurem Geodreieck Linien, die sich nicht schneiden.

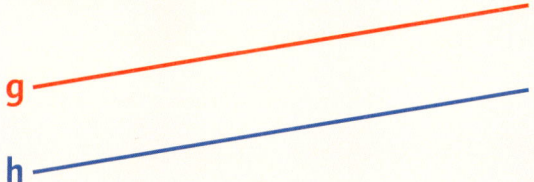 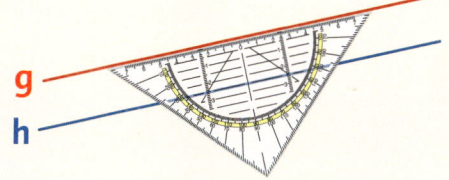

Geraden, die sich nicht schneiden, sind zueinander **parallel**.

Mit dem Geodreieck kann man zueinander parallele Geraden zeichnen und überprüfen.

2 Welche Geraden sind zueinander parallel? Überprüfe mit einem Geodreieck.

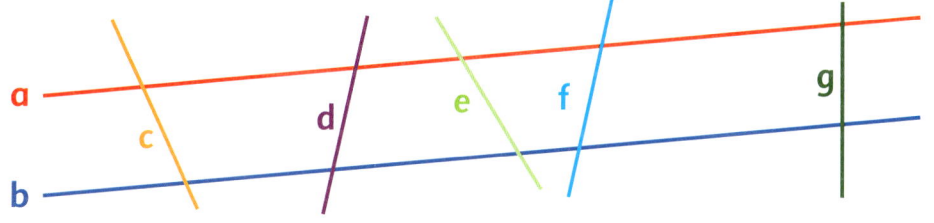

S.	1	0	7	Nr.	2
a ist parallel zu					

3 Zeichne mit einem Geodreieck zueinander parallele Geraden.
a) auf kariertes Papier
b) auf Blankopapier

4 Sind die roten Geraden zueinander parallel? Überprüfe mit einem Geodreieck.

a) 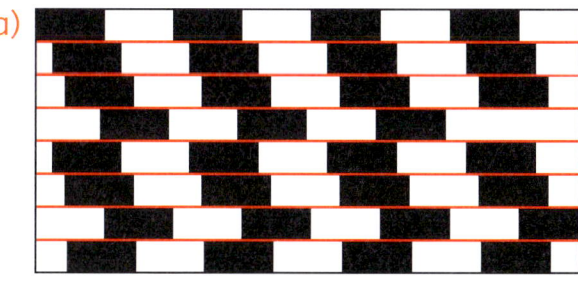 b)

5 Suche im Internet unter dem Suchwort „optische Täuschung".

Zueinander senkrechte Geraden

1 Betrachtet die Türme und die roten Linien. Was fällt euch auf? Beschreibt.

A
Schiefer Turm von Pisa

B
Markusturm in Venedig

Info
In deiner Umwelt kannst du viele rechte Winkel entdecken.

2 Stellt einen Faltwinkel her und sucht im Klassenzimmer nach rechten Winkeln.

1.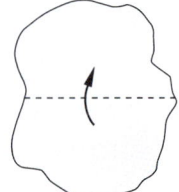
Faltet ein Stück Papier so, dass eine Faltlinie entsteht.

2.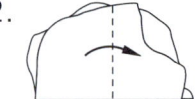
Faltet das Papier so, dass die Faltlinie übereinander liegt.

3.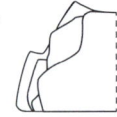
Es entsteht ein Faltwinkel.

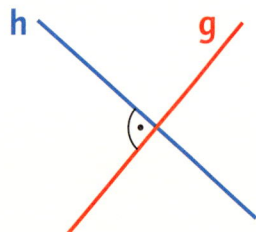

Geraden, die sich in einem rechten Winkel schneiden, sind zueinander **senkrecht**. Rechte Winkel markiert man mit ⌐.

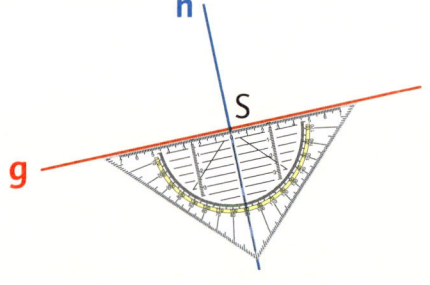

Mit dem Geodreieck kann man zueinander senkrechte Geraden zeichnen und überprüfen.

3 Welche Geraden sind zueinander senkrecht? Überprüfe mit einem Geodreieck.

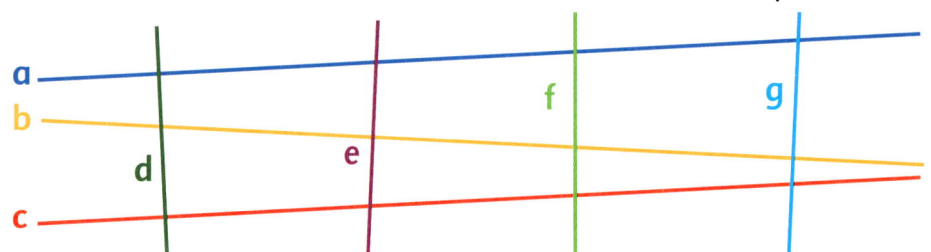

S. 1 0 8 Nr. 3
a ist senkrecht zu

108

1 Begriff „zueinander senkrecht" in Abgrenzung zu den Begriffen „schief", „schräg", „krumm" einführen; Begriff „rechter Winkel" einführen 3 Überprüfen von zueinander senkrechten Geraden mithilfe eines Geodreiecks erfahren und üben

④ Zeichne die Figuren ins Heft. Markiere die rechten Winkel mit ⌐.
Überprüfe mit einem Geodreieck.

a) 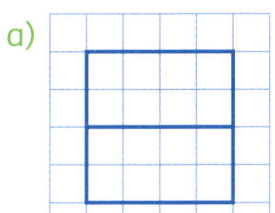   b) 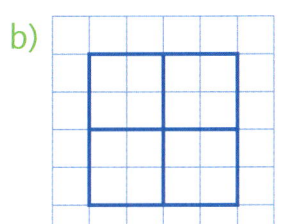   c) 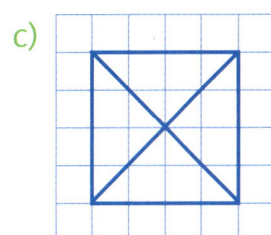   d)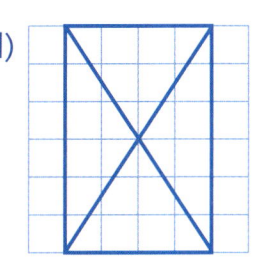

⑤ a) Erkläre, wie man zueinander senkrechte Geraden zeichnet.

1.	2.	3.	4.
Zeichne eine Gerade.	Lege die Mittellinie des Geodreiecks auf die Gerade.	Zeichne eine neue Gerade.	Markiere einen rechten Winkel.

b) Zeichne mit einem Geodreieck zueinander senkrechte Geraden auf kariertes Papier und auf Blankopapier.

⑥ Zeichne die Muster mithilfe eines Geodreiecks auf Blankopapier. Setze nach rechts fort.

a) 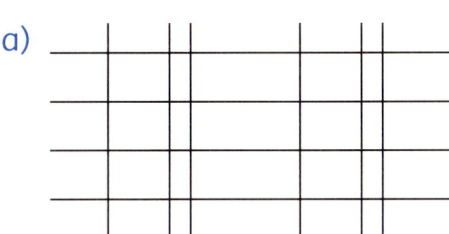   b)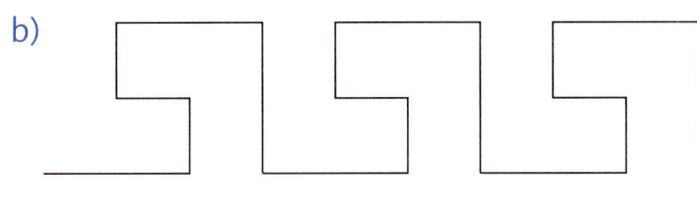

⑦ Setze die Ornamente im Heft fort und gestalte sie farbig.

a) 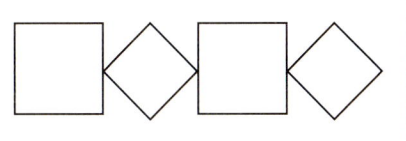   b)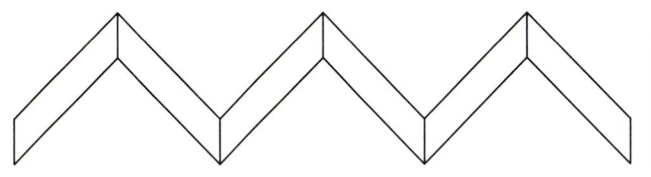

⑧ Erfinde eigene Ornamente.

Flächen

①

Info

Der Maler Wassily Kandinsky wurde 1866 in Moskau geboren. In seinen Bildern malte er oft Punkte, Linien und Flächen. Kandinsky gilt als Begründer der abstrakten Malerei. Einige Zeit lebte er auch in Deutschland. Er starb 1944 in Frankreich.

a) Welche Flächen entdeckt ihr im Bild?

b) Beschreibt die Flächen.

c) Kennt ihr weitere Vierecke?

d) Gestaltet selbst Bilder wie Kandinsky.

Wassily Kandinsky
Spitzen im Bogen (1927)

Vierecke

| Parallelogramm | Rechteck | Quadrat | Dreieck | Kreis |

  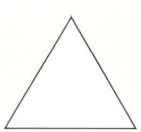 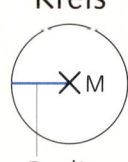

② Zeichne die Flächen frei Hand auf Blankopapier.

a) Quadrat   b) Rechteck   c) Dreieck   d) Parallelogramm   e) Kreis

③ A   B   C   D

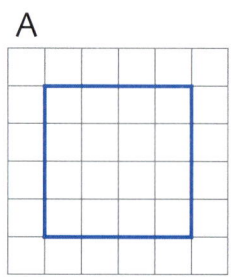 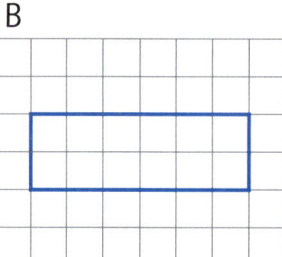 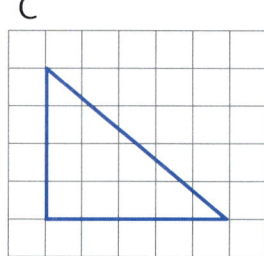 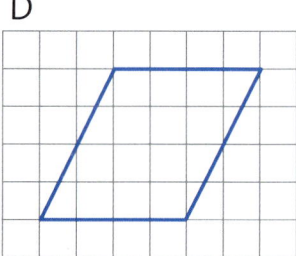

a) Zeichne die Flächen mit einem Geodreieck ins Heft.

b) Markiere alle rechten Winkel mit ⌐.

c) Welche Seiten sind zueinander parallel?
   Zeichne sie in der gleichen Farbe nach.

1d) Flächen aus Transparentpapier ausschneiden und durch (teilweises) Übereinanderkleben zu einem Fensterbild zusammenfügen

4 a) Beschreibe, wie man einen Kreis zeichnet.

1.   ×M
Markiere den Mittelpunkt.

2.
Stelle den Radius ein.

3.   ×M
Zeichne den Kreis.

b) Zeichne Kreise ins Heft. | Radius 2 cm | Radius 3 cm | Radius 4 cm |

5 Wählt eine Fläche aus.
Erstellt einen Steckbrief und präsentiert ihn.

a) Wie viele Eckpunkte hat die Fläche?
b) Hat die Fläche gerade oder gekrümmte Seiten?
c) Welche Besonderheiten hat die Fläche?
d) Stellt eure Steckbriefe zu einer Austellung zusammen.

Steckbrief: Quadrat
Eckpunkte: 4
Besonderheit:
Alle Seiten sind gleich lang.
Es gibt 4 rechte Winkel.
Die gegenüberliegenden Seiten sind parallel.

6 Verkleinert die Figuren. Wie geht ihr vor?
a) b) c)

S. 1 1 1 Nr. 6
a)

7 Vergrößert die Figuren. Wie geht ihr vor?
a) b) c)

S. 1 1 1 Nr. 7
a)

8 Zeichne eigene Figuren ins Heft. Verkleinere und vergrößere sie.

Umfang und Flächeninhalt (I)

① Erklärt, wie die Kinder den Umfang bestimmen können.

Der Umfang ist die Länge der Strecke rund um die Figur.

Der Umfang des Quadrats beträgt ...

② Spannt die Figuren nach. Welche Figuren haben den gleichen Umfang?

A 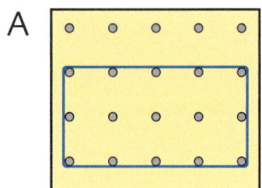   B 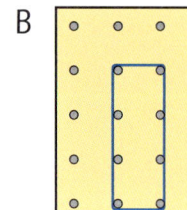   C 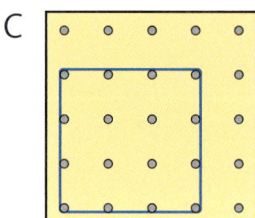   D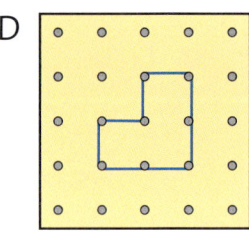

③ Spannt zu jeder Figur weitere Figuren mit dem gleichen Umfang.

A 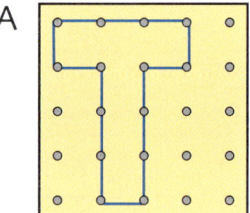   B 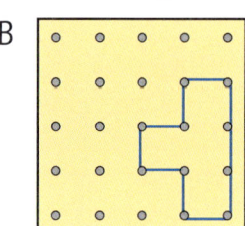   C 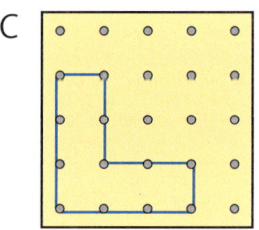   D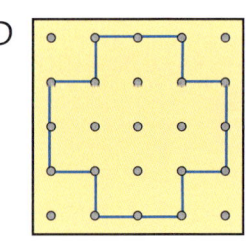

④ Übertrage die Figuren ins Heft. Gib den Umfang in Karolängen an.

a)

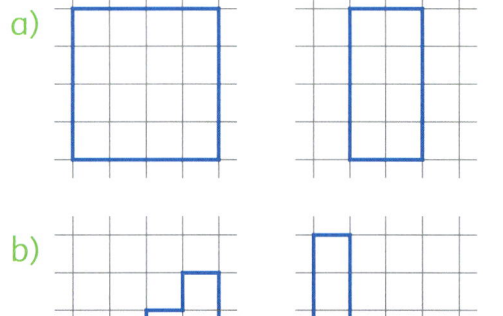

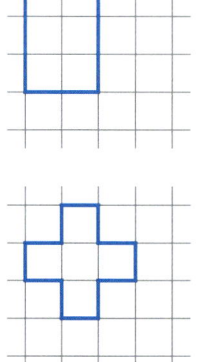

S. 112 Nr. 4

a) Umfang

16 Karolängen

b)

⑤ Zeichne verschiedene rechtwinklige Figuren ins Heft, die einen Umfang von 18 Karolängen haben.

6 Erklärt, wie die Kinder den Flächeninhalt bestimmen können.

Mit dem Flächeninhalt kann man angeben, wie groß die Figur ist.

Der Flächeninhalt des Quadrats beträgt ...

7 Spannt die Figuren nach. Welche Figuren haben den gleichen Flächeninhalt?

A 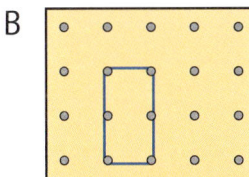 B 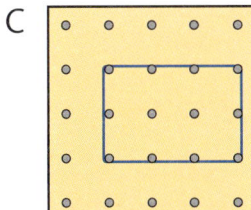 C 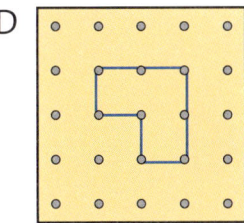 D

E 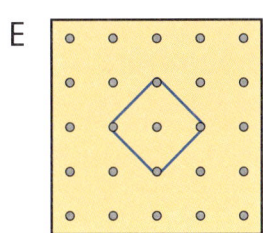 F 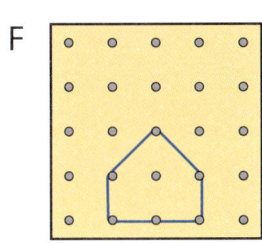 G 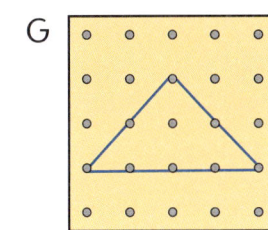 H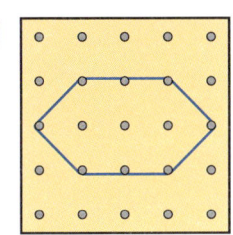

8 Übertrage ins Heft. Gib den Flächeninhalt in Karos an.

a)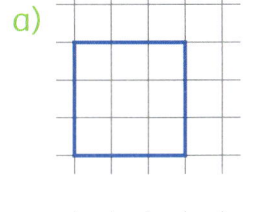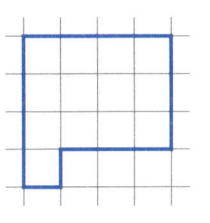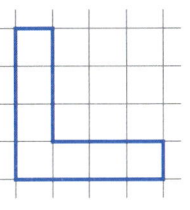

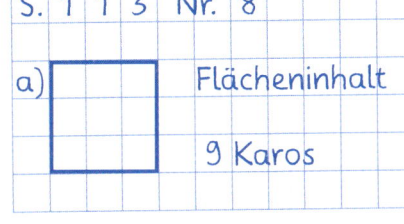

b)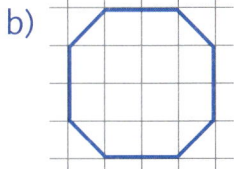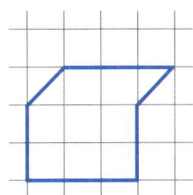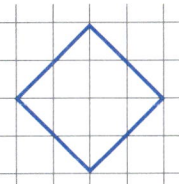

9 Zeichne verschiedene Figuren ...
   a) ... mit einem Flächeninhalt von 10 Karos.
   b) ... mit einem Flächeninhalt von 5 Karos.

Umfang und Flächeninhalt (II)

1) Verändert die Figuren schrittweise durch Umspannen. Wie verändert sich der Umfang? Wie verändert sich der Flächeninhalt? Beschreibt.

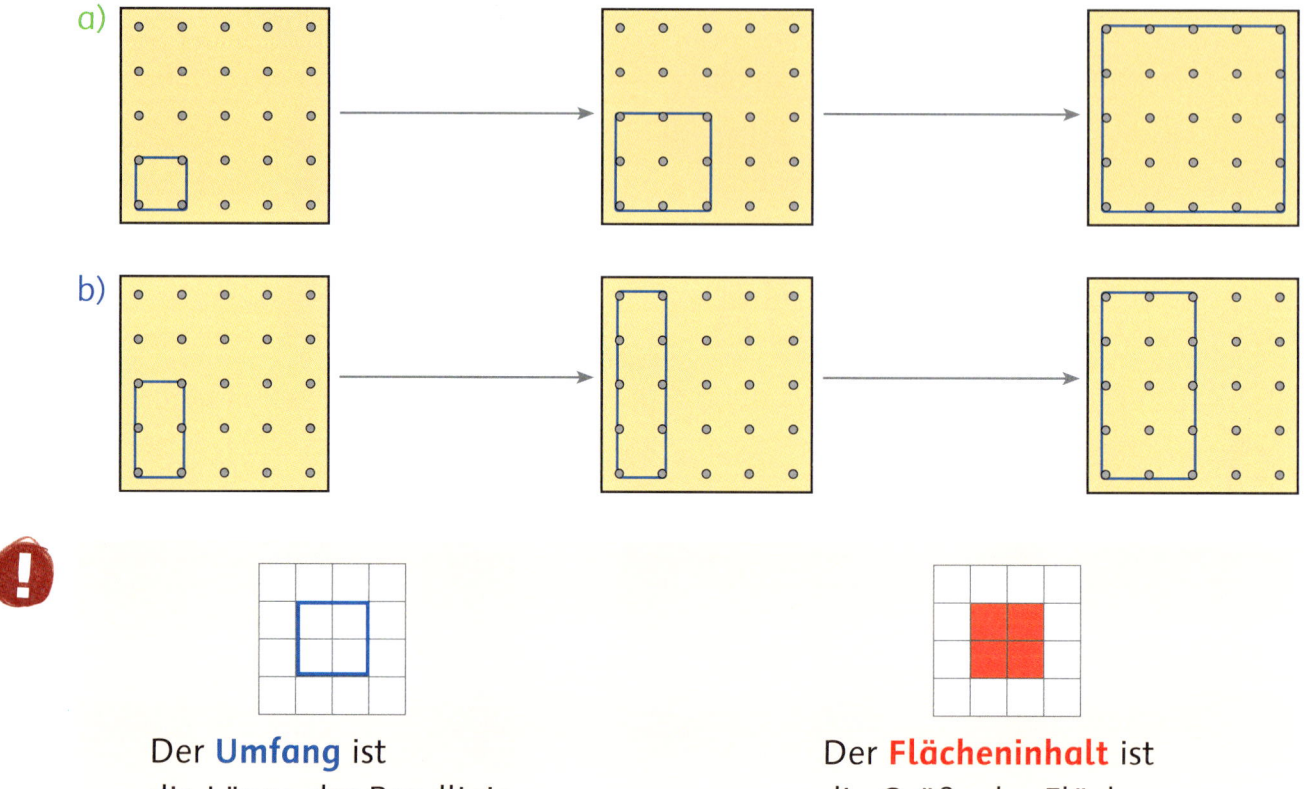

a)

b)

Der **Umfang** ist die Länge der Randlinie.

Der **Flächeninhalt** ist die Größe der Fläche.

2) Wie groß ist der Umfang? Wie groß ist der Flächeninhalt? Was fällt dir auf?

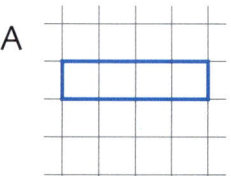 A   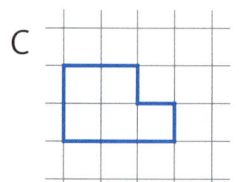 B   C

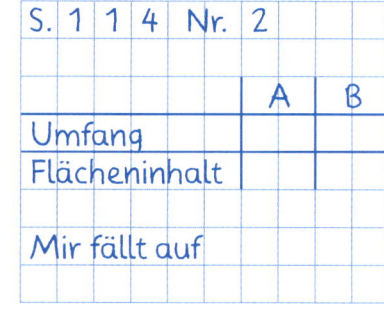

3) a) Wie groß ist der Umfang?   b) Wie groß ist der Flächeninhalt?
c) Was fällt dir auf?   d) Ergänze eine weitere passende Figur.

A 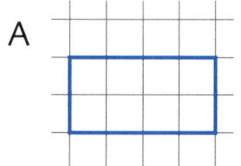   B 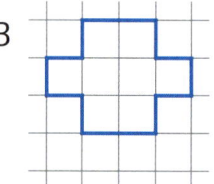   C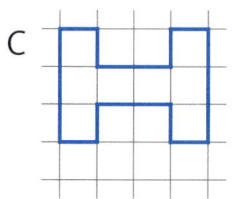

4) Zeichne eine Figur mit einem Flächeninhalt von 7 Karos und einem Umfang von 12 Karolängen.

Wiederholung

1 Übertrage die Geraden ins Heft. Bezeichne die Schnittpunkte.

a) 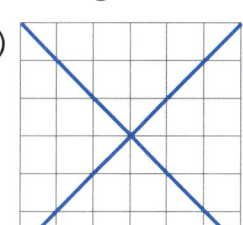 b) 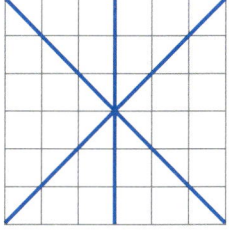 c) 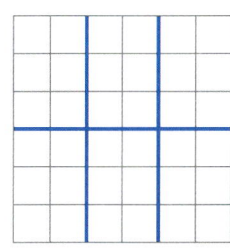 d)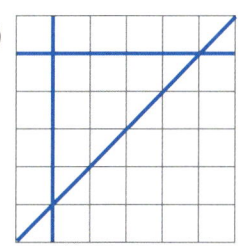

2 Welche Geraden sind zueinander parallel? Überprüfe mit einem Geodreieck.

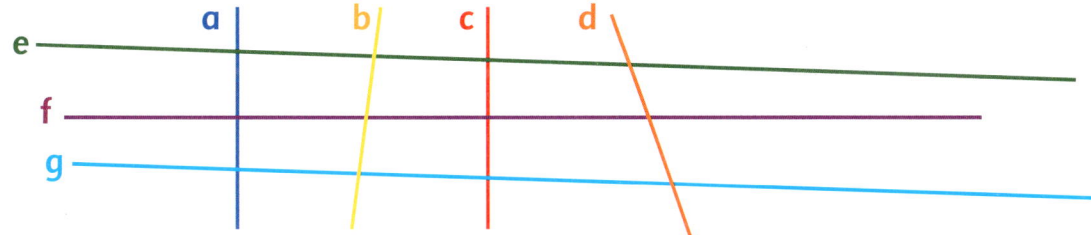

3 Übertrage mithilfe eines Geodreiecks ins Heft und markiere alle rechten Winkel mit ⌐.

a) 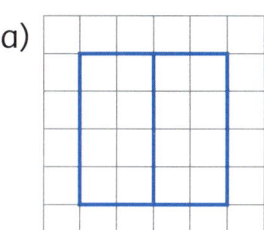 b) 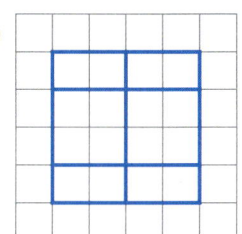 c) 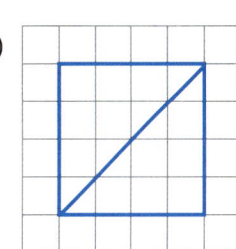 d)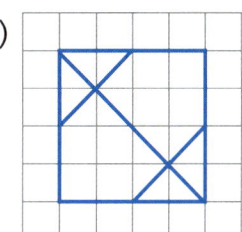

4 Übertrage die Figuren ins Heft.

a) 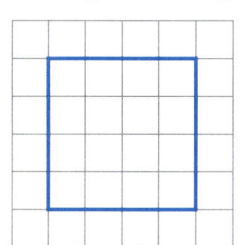 b) 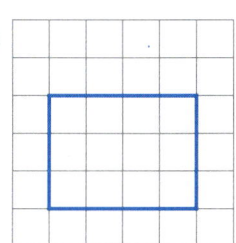 c) 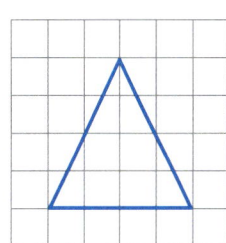 d)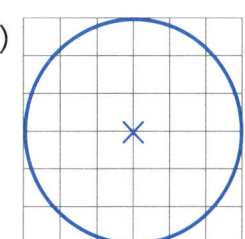

5 Übertrage die Figuren ins Heft. Notiere Umfang und Flächeninhalt.

A 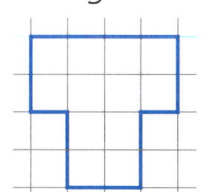 B 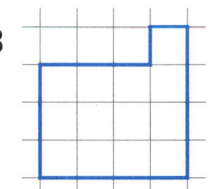 C 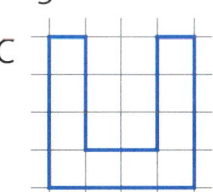 D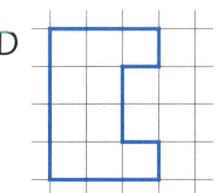

L Zeichne ein Quadrat. Markiere alle rechten Winkel. Färbe zueinander parallele Seiten in derselben Farbe.

Gewichte und Rauminhalte

Gewichte vergleichen und ordnen

① Wählt sechs Gegenstände aus eurem Klassenraum aus.
Vergleicht sie nach dem Gewicht und ordnet sie.

② Ordne fünf Gegenstände aus deiner Schultasche nach ihrem Gewicht.
Beginne mit dem leichtesten Gegenstand.

③ Suche im Klassenzimmer Gegenstände, die …

  a) … schwerer sind als dein Mäppchen.

  b) … leichter sind als dein Schulranzen.

  c) … etwa so schwer sind wie deine Trinkflasche.

④ Überprüft die Aussagen mit einer Kleiderbügelwaage.

  A Eine Schere ist schwerer als ein Füller.

  B Ein Lineal ist leichter als ein Radiergummi.

  C Ein Wörterbuch ist schwerer als ein Mäppchen.

  D Ein Heft ist genauso schwer wie eine Brotdose.

Direkter Vergleich von Gegenständen nach ihrem Gewicht durch Wiegen mit den Händen; unterschiedliches Empfinden beim Wiegen mit offenen und geschlossenen Augen thematisieren; Gegenstände auf Pappteller legen, um Gewicht gleichmäßig(er) zu verteilen

5 Vergleicht das Gewicht der Gegenstände mit dem Gewicht eines Arbeitshefts. Schätzt zuerst.

S. 1 1 7 Nr. 5		
ist leichter als	ist schwerer als	ist etwa gleich schwer

a)  b)  c)  d)  e)

6 Wählt Gegenstände aus und vergleicht ihr Gewicht mit dem Gewicht eures Mathematikbuchs.

7 a) Wählt Gegenstände aus eurem Klassenzimmer aus. Bestimmt ihr Gewicht mithilfe von Holzwürfeln.

S. 1 1 7 Nr. 7	
a) Gegenstand	gewogen
Radiergummi	Holzwürfel

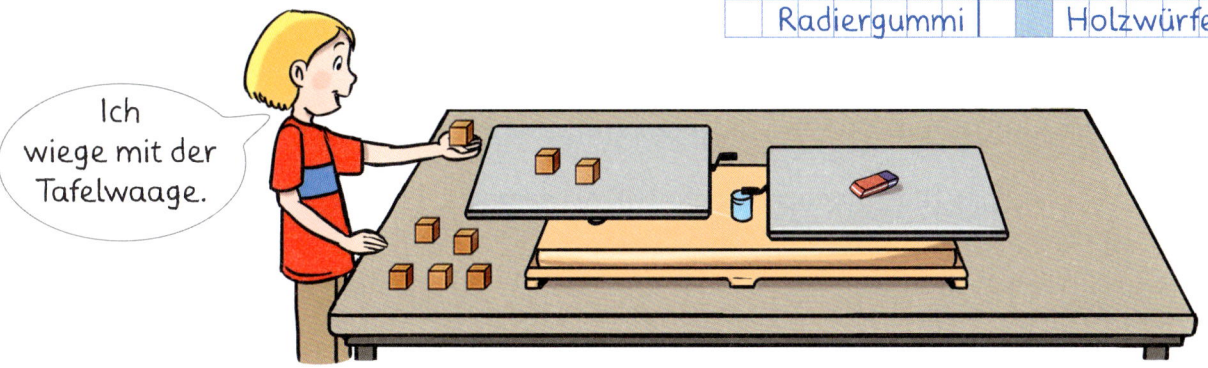

Ich wiege mit der Tafelwaage.

b) Vergleicht eure Ergebnisse in der Klasse.

8 Erklärt.

Die Stifte sind so schwer wie 3 Holzwürfel.

Bei mir sind die Stifte so schwer wie 5 Holzwürfel.

Info
Früher gab es keine einheitlichen Maße für Gewichte. Die Gewichtseinheiten waren von Ort zu Ort unterschiedlich.

Kilogramm und Gramm

Info: Kilogramm ist eine Maßeinheit für Gewichte.

①  a) Sucht Gegenstände, die etwa ein Kilogramm wiegen.

b) Sucht Gegenstände, die weniger als 1 Kilogramm wiegen.

c) Sucht Gegenstände, die mehr als 1 Kilogramm wiegen.

② Wie viel wiegen die Gegenstände? Überprüft mit einer Waage.

 a)  b)  c)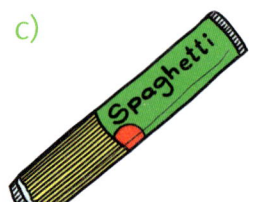

❗ Ein Kilogramm gleich 1 000 Gramm.   1 kg = 1 000 g

Ein halbes Kilogramm gleich 500 Gramm. $\frac{1}{2}$ kg = 500 g

Ein viertel Kilogramm gleich 250 Gramm. $\frac{1}{4}$ kg = 250 g

③  Packt Tüten und überprüft mit einer Waage. Die Tüten sollen ...

a) ... 500 g schwer sein.

b) ... 250 g schwer sein.

c) ... 100 g schwer sein.

④ Gib das Gewicht in Gramm an.

a)    b)    c)

1 kg $\frac{1}{2}$ kg $\frac{1}{4}$ kg

5 Welche Gewichtsangaben passen zu den Gegenständen? Ordne im Heft zu.

A   B    C    D    E    F

250 g   5 g   2 g   100 g   40 g   1 kg

6 Ali hat gewogen. Welche Gewichtssteine kann er verwendet haben? Schreibe als Additionsaufgabe.

a) 70 g
220 g
380 g

b) 755 g
138 g
808 g

c) $\frac{1}{2}$ kg
$\frac{1}{4}$ kg
$\frac{3}{4}$ kg

S. 1 1 9 Nr. 6
a) 7 0 g = 5 0 g +

7 Ergänze zu 1 Kilogramm.

a) 300 g
400 g
150 g

b) 125 g
875 g
690 g

c) 545 g
436 g
71 g

S. 1 1 9 Nr. 7
Immer 1 kg:
a) 3 0 0 g +

8 Welche Waage benutzt du? Ordne im Heft zu.

Personenwaage   Briefwaage   Küchenwaage

A    B 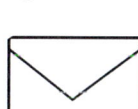   C    D    E    F

9 Bringt von zu Hause Verpackungen mit Gewichtsangaben mit und stellt sie aus.

Liter und Milliliter

① Beschreibt.
Wählt vier unterschiedliche Gefäße aus.

"Mein Glas ist nicht voll. Es fasst also mehr Flüssigkeit als dein Glas."

fasst mehr Flüssigkeit

② Füllt unterschiedliche Gefäße mit Wasser.
Verwendet hierfür immer denselben Becher.
Wie oft müsst ihr den Becher füllen?
Ordnet die Gefäße.

③ a) Nehmt einen Messbecher und beschreibt ihn.
b) Füllt einen Messbecher:

| 1 Liter | 1 000 Milliliter | | |
| $\frac{1}{2}$ Liter | 500 Milliliter | $\frac{1}{4}$ Liter | 250 Milliliter |

❗ 1 Liter gleich 1 000 Milliliter.   1 l = 1 000 ml
$\frac{1}{2}$ Liter gleich 500 Milliliter. $\frac{1}{2}$ l = 500 ml
$\frac{1}{4}$ Liter gleich 250 Milliliter. $\frac{1}{4}$ l = 250 ml

④ Sucht Verpackungen und Gefäße, die …

a) … mehr als 1 Liter fassen.

b) … weniger als 1 Liter fassen.

c) … ungefähr 1 Liter fassen.

1 Direkter Vergleich von Volumina durch Umfüllen 2 Indirekter Vergleich durch Auffüllen mit einem ausgewählten Becher 3 Liter und Bruchschreibweise kennenlernen 4 Größenvorstellungen zu einem Liter aufbauen

5 Ordne im Heft zu.

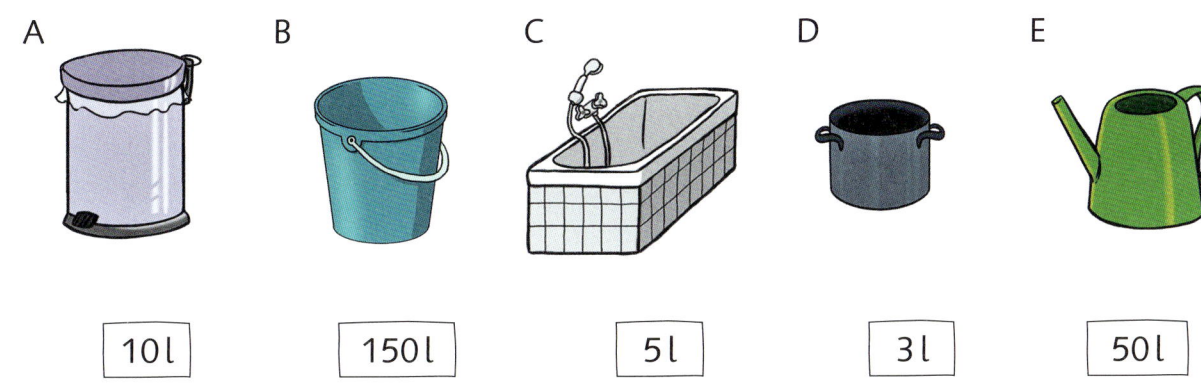

A 10 l   B 150 l   C 5 l   D 3 l   E 50 l

6 Ordne im Heft zu.

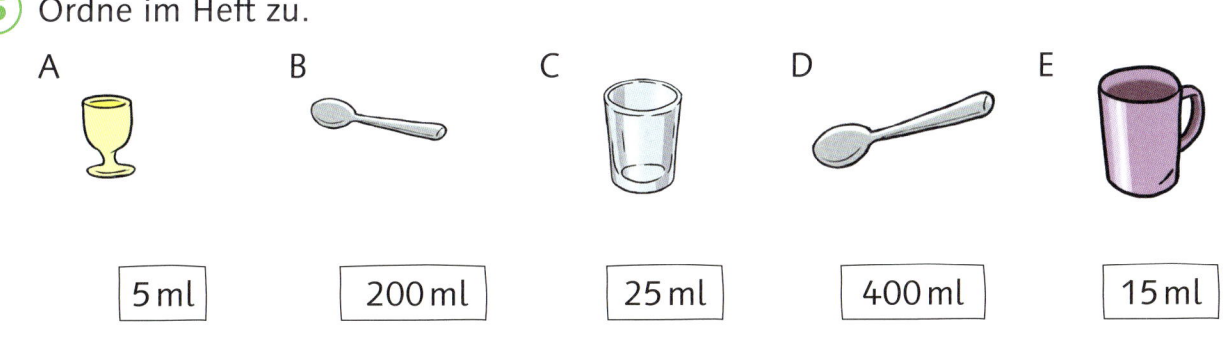

A 5 ml   B 200 ml   C 25 ml   D 400 ml   E 15 ml

7 Ergänze zu 1 Liter.

a) 200 ml
   500 ml
   700 ml

b) 260 ml
   580 ml
   825 ml

c) 634 ml
   371 ml
   $\frac{1}{2}$ l

```
S. 1 2 1   Nr. 7
Immer 1 l:
a) 2 0 0 m l +
```

8 Lisa hat 3 Kinder eingeladen und serviert selbst gemachte Limonade.

a) Jedes Kind möchte ein Glas mit 200 ml trinken. Reicht die Limonade?

b) Die Limonade wird gerecht an die Kinder verteilt. Wie viel Limonade bekommt jedes Kind?

c) Lisa möchte 2 Liter Limonade herstellen. Schreibe das Rezept um.

Limonade (etwa 1 Liter)

4 EL Holunderblütensirup
250 ml kalter Apfelsaft
$\frac{1}{2}$ l Mineralwasser
180 ml Himbeersaft
einige Spritzer Zitronensaft

Rechnen bis 1000

Addieren und subtrahieren bis 1000

1 Wie rechnet ihr? Erklärt eure Rechenwege.

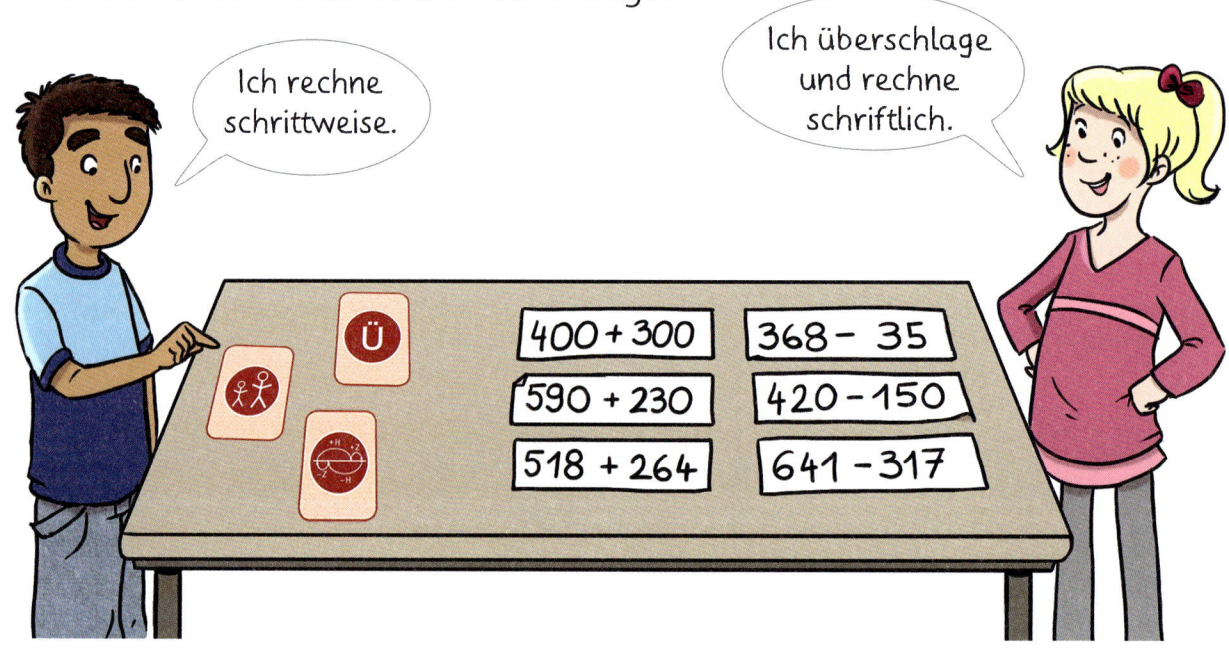

2
a)	b)	c)	d)	e)
120 + 90	750 + 100	438 + 351	420 − 60	658 − 188
430 + 85	470 + 340	630 + 140	940 − 85	860 − 240
600 + 300	647 + 300	546 + 337	700 − 300	378 − 162
580 + 256	358 + 265	750 + 180	680 − 340	438 − 284

154, 210, 216, 340, 360, 400, 470, 515, 620, 623, 770, 789, 810, 836, 850, 855, 883, 900, 930, 947

3 Rechne und setze die Aufgabenreihen fort. Was fällt dir auf?

a)	b)	c)	d)	e)
56 + 15	163 + 37	76 − 19	45 − 17	134 − 36
156 + 115	163 + 237	176 − 119	245 − 117	234 − 136
256 + 215	163 + 437	276 − 219	445 − 217	334 − 236

4 Bilde Aufgabenreihen zu 37 + 25 , 128 + 136 und 157 − 126 .

5
a)	b)	c)
160 − 150	350 − 347	481 − 479
250 − 210	770 − 765	862 − 859
780 − 760	530 − 524	603 − 597
550 − 540	640 − 632	902 − 898

Ich ergänze, wenn die Zahlen nahe beieinander sind.

6 Ordne zu. Bei manchen Aufgaben reicht ein Überschlag.

255 + 265	735 − 135	450 + 250
834 − 234	865 − 246	840 − 355
391 + 281	163 + 437	200 + 400

S.	1	2	3	Nr.	6
<	6	0	0		
2	5	5	+	2	6	5

7 Setze für die Platzhalter passende Zahlen ein.

a) 320 + ◆ = 480
   650 + ■ = 765
   445 + ● = 580
   574 + ▲ = 685

b) a + 370 = 410
   b + 250 = 515
   c + 405 = 910
   d + 125 = 605

c) 360 − w = 290
   480 − x = 375
   260 − y = 165
   505 − z = 445

| S. | 1 | 2 | 3 | Nr. | 7 |
| ◇ | = | 1 | 6 | 0 | |

8 Schreibe ins Heft und setze <, > oder = ein.

a) 230 + 160 ● 390
   280 + 340 ● 640
   530 + 180 ● 740
   445 + 335 ● 870

b) 640 − 160 ● 525
   820 − 340 ● 480
   595 − 130 ● 510
   445 − 335 ● 200

c) 380 + 240 ● 640 − 320
   450 + 370 ● 970 − 150
   740 + 160 ● 950 − 140
   630 + 180 ● 990 − 110

9 Finde die Fehler. Schreibe die Aufgaben richtig ins Heft.

Vorsicht, 5 Fehler!

a) 380 + 190 = 570
   150 + 450 = 550
   532 + 128 = 650
   465 + 530 = 995

b) 680 − 180 = 500
   760 − 285 = 475
   865 − 435 = 435
   470 − 290 = 180

c) 630 − 240 = 410
   425 − 114 = 311
   746 − 314 = 432
   525 − 240 = 280

10

a) 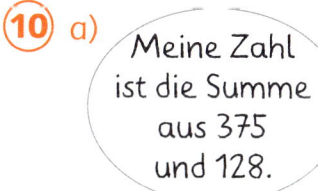 Meine Zahl ist die Summe aus 375 und 128.

b) 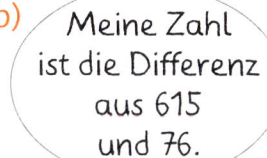 Meine Zahl ist die Differenz aus 615 und 76.

c)  Wenn ich zu meiner Zahl 450 addiere, erhalte ich 820.

d) 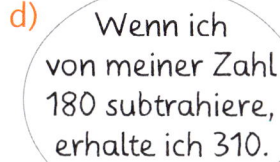 Wenn ich von meiner Zahl 180 subtrahiere, erhalte ich 310.

6 Begründen, wann ein Überschlag reicht 8 Begründen, bei welchen Aufgaben nicht gerechnet werden muss 9 Fehler erklären, um diese zu vermeiden
10 Fachbegriffe für Addition und Subtraktion wiederholen

Multiplizieren und dividieren bis 1000

1 Wie rechnet ihr? Erklärt eure Rechenwege.

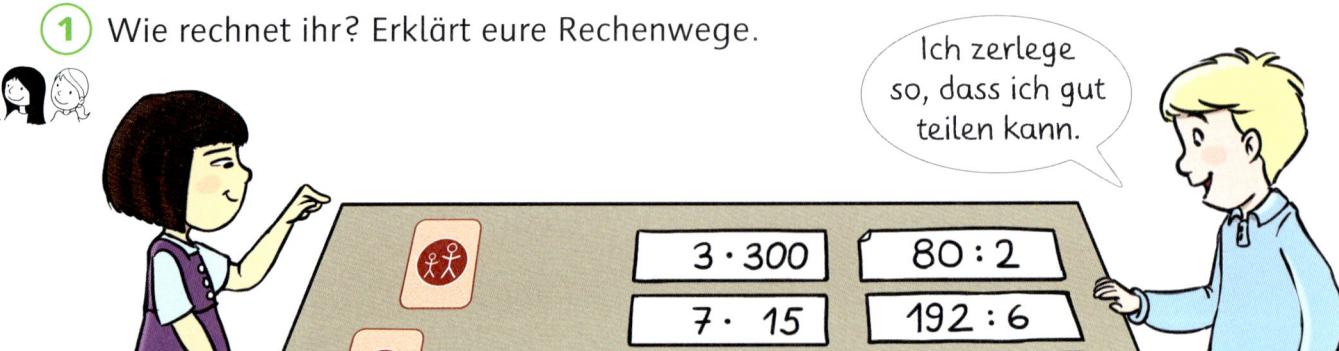

2 Nutze die kleine Aufgabe.

a) 2 · 40
4 · 20
2 · 400

b) 20 · 5
50 · 2
200 · 5

c) 3 · 20
2 · 30
3 · 200

d) 300 : 6
300 : 60
300 : 5

e) 280 : 7
280 : 70
280 : 4

3 Rechne die kleine Aufgabe und jeweils zwei passende große Aufgaben.

a) 3 · 3   b) 5 · 1   c) 6 : 3   d) 10 : 5   e) 8 : 2

4 Wie oft?

a) 120 = ▇ · 2
240 = ▇ · 3
420 = ▇ · 6

b) 160 = ▇ · 80
490 = ▇ · 70
280 = ▇ · 40

c) 7 · ▇ = 280
6 · ▇ = 300
9 · ▇ = 810

d) 40 · ▇ = 200
30 · ▇ = 270
60 · ▇ = 420

5 Zerlege und rechne.

a) 2 · 16
6 · 14
8 · 12
4 · 15

b) 3 · 24
5 · 34
7 · 22
9 · 31

c) 43 · 5
54 · 3
79 · 6
91 · 4

d) 38 · 8
66 · 7
59 · 4
85 · 9

Bei manchen Aufgaben hilft die Tauschaufgabe.

6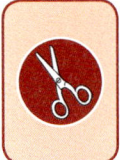

a) 48 : 4
39 : 3
28 : 2
66 : 6

b) 66 : 3
46 : 2
88 : 4
69 : 3

c) 126 : 6
147 : 7
155 : 5
128 : 4

d) 205 : 5
568 : 8
459 : 9
366 : 6

7 Ordne zu.

 < 6    = 60   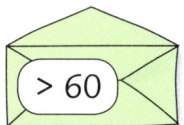 > 60

30 : 6	3 · 23	300 : 60	12 · 5
4 · 15	240 : 80	420 : 7	640 : 8
560 : 7	540 : 9	14 · 6	24 : 6

```
S. 1 2 5  Nr. 7
< 6            = 6 0
3 0 : 6
```

8 Dividiere im Heft und setze fort, bis kein Rest mehr entsteht.

a) 48 : 4   b) 61 : 5   c) 100 : 8   d) 132 : 6   e) 112 : 9
49 : 4   62 : 5   101 : 8   133 : 6   113 : 9
50 : 4   63 : 5   102 : 8   134 : 6   114 : 9
☐ : ☐   ☐ : ☐   ☐ : ☐   ☐ : ☐   ☐ : ☐

9 Unterstreiche im Heft, was du zuerst rechnest.

a) 8 + 4 · 6   b) 15 − 28 : 4   c) 4 · 7 + 5 · 2
   9 + 8 · 7   23 − 45 : 9   5 · 5 + 3 · 4
   15 + 5 · 3   36 − 64 : 8   48 : 8 − 15 : 3
   19 + 9 · 9   25 − 63 : 7   81 : 9 − 24 : 6

```
S. 1 2 5  Nr. 9
a) 8 + 4 · 6 =
   8 +   2 4 =
```

1, 5, 8, 16, 18, 28, 30, 32, 37, 38, 65, 100

10 Setze für die Platzhalter passende Zahlen ein.

a) a · 12 = 48   b) 28 : w = 14   c) ♦ · 40 < 150
   b · 11 = 77   36 : x = 12   ■ · 80 < 250
   c · 21 = 63   66 : y = 11   ● · 15 < 50
   d · 25 = 100   45 : z = 15   ▲ · 25 < 80

```
S. 1 2 5  Nr. 1 0
a) a = 4
```

11 Schreibe ins Heft und setze <, > oder = ein. Bei welchen Aufgaben musst du nicht rechnen?

a) 4 · 22 ○ 80   b) 3 · 14 ○ 4 · 15   c) 48 : 4 ○ 12   d) 45 : 3 ○ 90 : 6
   7 · 23 ○ 100   6 · 15 ○ 15 · 6   72 : 3 ○ 20   66 : 2 ○ 80 : 4
   9 · 21 ○ 200   5 · 17 ○ 4 · 18   96 : 6 ○ 18   48 : 4 ○ 55 : 5
   6 · 15 ○ 150   4 · 12 ○ 8 · 6   96 : 8 ○ 15   91 : 7 ○ 84 : 6

Der Taschenrechner

Anzeige (Display):
Zeigt die eingetippten Zahlen und die Ergebnisse an.

Zifferntasten zum Eingeben der Zahlen

Taste zum Löschen der letzten Eingabe

Taste zum Einschalten und zum Löschen aller Eingaben

Kommataste — Ergebnistaste

Tasten zum Eingeben von geteilt, mal, minus und plus

Info

Mit einem Taschenrechner kann man Rechnungen schnell und sicher ausführen. Er kann aber nicht mitdenken und keine Fehler beim Eintippen erkennen.

① Lest euch ein Zahlwort vor. Schreibe die Zahl auf, dein Partner tippt sie in den Taschenrechner ein. Vergleicht nach jedem Beispiel. Drückt die Löschtaste und bearbeitet die nächste Zahl. Wechselt euch ab.

a) einhundert
   eintausend
   fünfhundert

b) einhundertzweiundvierzig
   dreihundertfünfunddreißig
   sechshundertachtundzwanzig

c) einhundertsieben
   fünfhundertdrei
   eintausendeins

② Rechne im Kopf, dein Partner rechnet mit dem Taschenrechner. Wer ist schneller?

a) 888 + 111
   666 + 199
   740 + 160
   345 + 435

b) 350 − 150
   600 − 335
   805 − 197
   536 − 158

c) 7 · 10
   6 · 15
   4 · 32
   5 · 55

d) 800 : 8
   640 : 8
   175 : 7
   366 : 6

③ Rechne im Kopf, dein Partner rechnet mit dem Taschenrechner. Wer ist schneller? Wechselt euch ab.

| Das Doppelte von 442. | Das Siebenfache von 100. | Der 3. Teil von 660. |

| Das Dreifache von 315. | Die Hälfte von 640. | Der 5. Teil von 840. |

Wiederholung

1 Welche Aufgaben rechnest du im Kopf? Welche rechnest du schriftlich?

 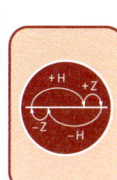

a) 160 + 80	b) 370 + 245	c) 850 − 70	d) 340 − 180
620 + 95	750 + 180	440 − 65	728 − 198
514 + 372	458 + 300	600 − 250	456 − 258
400 + 300	565 + 286	548 − 235	905 − 898

7, 160, 198, 240, 313, 350, 375, 530, 615, 700, 715, 758, 780, 851, 886, 930

2

 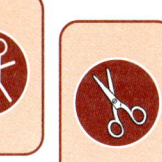

a) 5 · 20	b) 2 · 17	c) 28 · 5	d) 280 : 7	e) 36 : 3
3 · 40	8 · 21	43 · 7	450 : 9	88 : 8
6 · 30	4 · 32	36 · 3	300 : 5	72 : 4
7 · 50	6 · 44	54 · 9	320 : 4	90 : 6

11, 12, 15, 18, 34, 40, 50, 60, 80, 100, 108, 120, 128, 140, 168, 180, 264, 301, 350, 486

3 Beachte die Rechenregel. Unterstreiche im Heft, was du zuerst rechnest.

a) 40 + 8 · 5   b) 30 − 15 : 3   c) 6 · 5 + 6 · 7
28 + 3 · 2   58 − 32 : 4   3 · 8 + 4 · 9
36 + 6 · 3   92 − 49 : 7   72 : 9 − 20 : 5

S.	1	2	7	Nr.	3		
a)	4	0	+	8	·	5	=
		4	0	+		4	0	=

4, 25, 34, 50, 54, 60, 72, 80, 85

4 Setze für die Platzhalter passende Zahlen ein.

a) **a** + 120 = 430   b) 340 − **d** = 280   c) **w** · 14 = 56
   b + 245 = 590   628 − **e** = 598   **x** · 23 = 138
   c + 306 = 408   405 − **f** = 350   **y** · 31 = 155

S.	1	2	7	Nr.	4
a)	a	=	3	1	0

4, 5, 6, 30, 55, 60, 102, 310, 345

5 Löse die Aufgaben. Welche rechnest du im Kopf? Welche rechnest du mit dem Taschenrechner?

a) 328 + 567   b) 460 + 155   c) 810 − 198   d) 635 − 128
   5 · 45   6 · 105   420 : 7   700 : 4

L Schreibe eine Additionsaufgabe, eine Subtraktionsaufgabe, eine Multiplikationsaufgabe und eine Divisionsaufgabe mit dem Ergebnis 400 auf.

Projekt: Adam Ries

Info

1518 erschien das erste Rechenbuch des Rechenmeisters Adam Ries. Es war in Deutsch geschrieben und nicht in lateinischer Sprache. So konnten mehr Menschen sein Buch verstehen. Zum Rechnen verwendete er Rechenbretter und Rechenpfennige.

Rechnen mit dem Rechenbrett:
Auf den Linien liegen höchstens 4 Pfennige.
Zwischen den Linien liegt höchstens 1 Pfennig.

① a) Welche Zahlen sind gelegt?   b) Lege die Zahlen.

A, B, C (Rechenbretter mit Linien 1000, 500, 100, 50, 10, 5, 1)

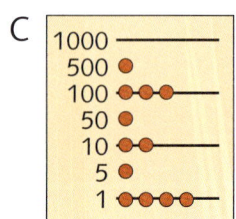

170   285
655   878

② Mit dem Rechenbrett kann man addieren. Legt und rechnet wie Nina. Notiert die Aufgabe und das Ergebnis.

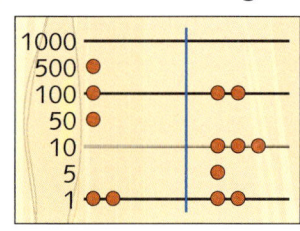

Erste Zahl   Zweite Zahl

Ich lege beide Zahlen. Dann schiebe ich alle Pfennige in die linke Spalte und lese das Ergebnis ab.

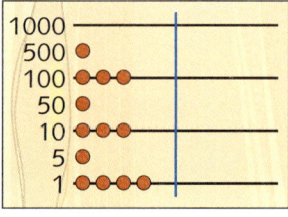

Ergebnis

③ Legt die Zahlen. Addiert wie Adam Ries mit dem Rechenbrett.
a) 112 + 131   b) 220 + 110   c) 340 + 25   d) 500 + 200   e) 823 + 121

④ 234 + 161   Bei dieser Aufgabe gibt es eine Besonderheit. Legt nach und erklärt.

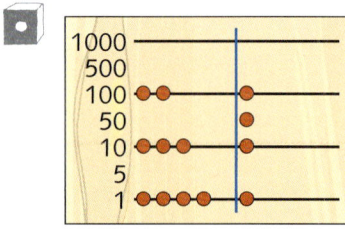
1. Zahlen legen

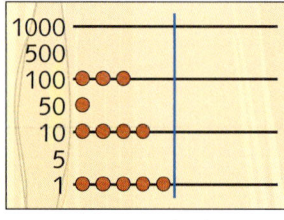
2. Zusammenschieben

Die 5 Pfennige auf der Linie 1 ersetze ich durch einen Pfennig im Zwischenraum 5.

3. Tauschen

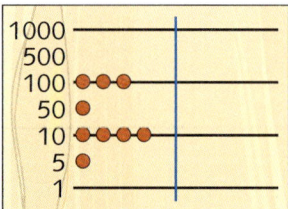
4. Ergebnis ablesen

⑤ Legt die Zahlen. Rechnet mit dem Rechenbrett.
a) 123 + 112   b) 213 + 124   c) 315 + 142   d) 275 + 162   e) 578 + 336

1 bis 5 Lehrerkopiervorlage verwenden 4 und 5 Legeregeln einhalten: Fünf Pfennige auf einer Linie durch einen Pfennig im Zwischenraum darüber ersetzen, zwei Pfennige im Zwischenraum durch einen Pfennig auf der Linie darüber ersetzen

6 Beim Addieren schiebt man Rechenpfennige zusammen.

Beim Subtrahieren schiebt man Rechenpfennige auseinander.

Subtrahieren mit dem Rechenbrett
- Legt die erste Zahl.
- Beginnt oben mit dem Verschieben. Schiebt so viele Pfennige in die **rechte** Spalte, bis dort die zweite Zahl gelegt ist.
- Zum Schluss könnt ihr das Ergebnis der Subtraktion in der **linken** Spalte ablesen.

273 − 161

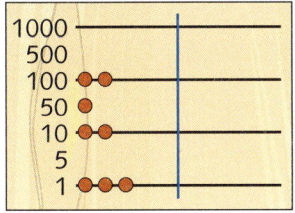
1. Erste Zahl legen

2. Ich verschiebe Pfennige von links nach rechts. Rechts liegt dann die zweite Zahl.

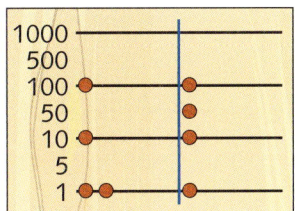
3. Ergebnis links ablesen

7 Legt und rechnet wie Ali.

a) 77 − 65   b) 134 − 23   c) 186 − 35   d) 296 − 141   e) 367 − 202

8 Hier treten beim Rechnen mit dem Rechenbrett Besonderheiten auf. Erklärt und lest die Ergebnisse ab.

a) 87 − 23

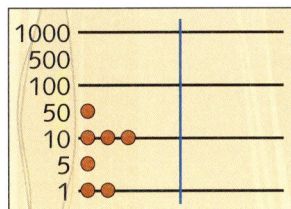
1. Erste Zahl legen

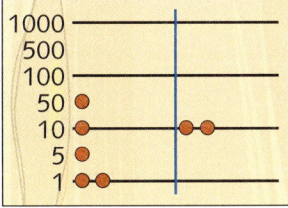
2. Auseinanderschieben

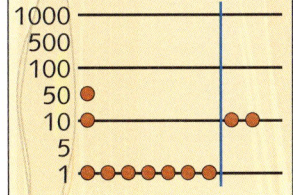
3. Tauschen

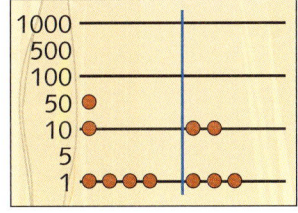
4. Ergebnis links ablesen

b) 196 − 124

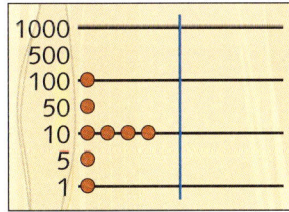
1. Erste Zahl legen

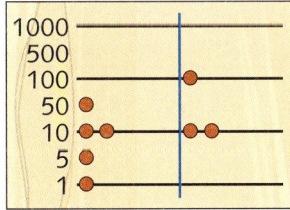
2. Ergebnis links ablesen

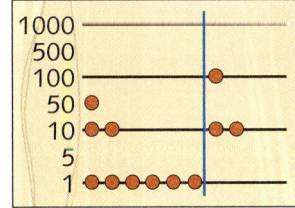
3. Tauschen

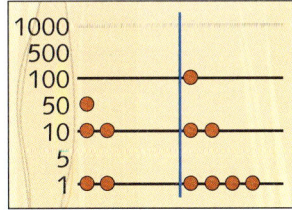
4. Ergebnis links ablesen

9 Legt die Zahlen. Rechnet mit dem Rechenbrett.

a) 50 − 30   b) 146 − 112   c) 240 − 103   d) 321 − 116   e) 234 − 53
   500 − 300   363 − 221   400 − 250   367 − 256   463 − 232

Der Zahlenraum über 1000 hinaus

1000 und mehr

① Wo begegnen uns Zahlen über 1000?
Lest euch die Zahlen auf der Pinnwand vor und erklärt, was sie bedeuten.

Wissenswertes über Deutschland

Das größte Fußballstadion befindet sich in Dortmund. Es hat über 81 000 Plätze.

Der Rhein ist der längste Fluss in Deutschland. Von seiner Quelle am Schweizer Tomasee bis zur Mündung in der Nordsee ist er mehr als 1230 km lang.

Riesending-Schachthöhle
Sie ist die tiefste und längste bekannte Höhle Deutschlands. Ihre Länge beträgt 20,3 km und ihre Tiefe 1149 m.

Die längste Brücke in Deutschland ist die Saale-Elster-Talbrücke mit einer Länge von 6 465 m. Sie ist auch die längste Eisenbahnbrücke Europas.

Die größte Theaterbühne der Welt ist der Friedrichstadt-Palast in Berlin. Er hat 1895 Zuschauerplätze.

Nach Schätzungen gibt es in Deutschland 15 000 bis 30 000 Seen.

In Deutschland gibt es mehr als 2 050 Städte.

Insgesamt gibt es in Deutschland 1482 Berge und Gipfel. Die Zugspitze ist mit fast 3 000 m der höchste Berg Deutschlands.

② Sucht Angaben mit großen Zahlen. Nutzt dazu Zeitungen, Bücher über Rekorde, Sachbücher oder das Internet. Gestaltet ein Plakat.

③ Wie viele einzelne Dinge sind es jeweils?

a)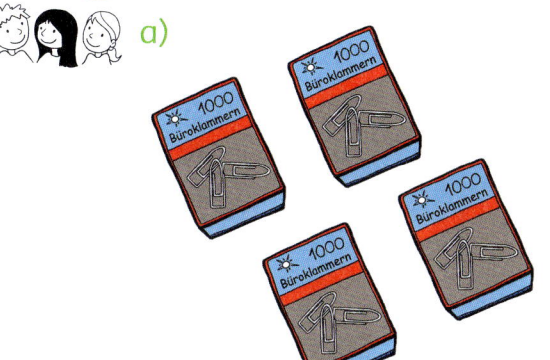

b)

c)

④ Wie viele Euro sind es?

a)

b)

⑤ Wie viele Cent sind es?

a)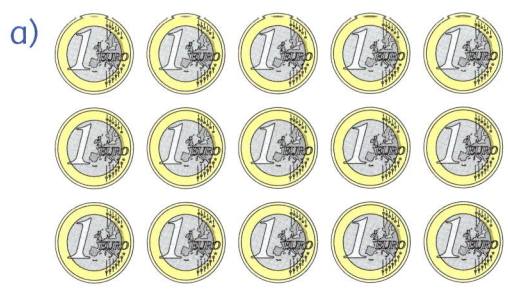

b)

Der Zahlenraum bis 10 000

1 Beschreibt, was die Kinder tun.

2 Welche Zahlen sind dargestellt? Schreibe als Summe.

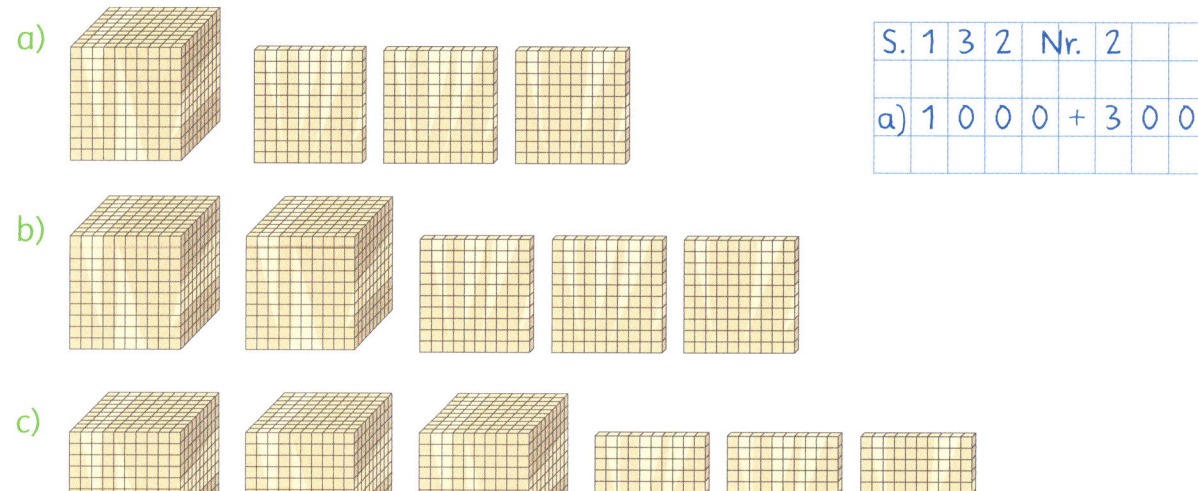

S.	1	3	2		Nr.	2	
a)	1	0	0	0	+	3	0	0	=

3 Verdoppelt die Zahlen.

1 000   2 000   3 000   4 500   5 000

4 Halbiert die Zahlen.

1 000   4 000   8 000   5 000   7 000

5 Vergleiche. Setze im Heft <, > oder = ein.

a) 3 000 ● 5 000   b) 9 000 ● 10 000   c) 4 400 ● 4 400

    6 000 ● 2 000   8 500 ● 5 900   7 400 ● 4 700

1 bis 5 Erste Erfahrungen mit großen Zahlen erwerben; Analogien zum Zahlenraum bis 10, 100 und 1 000 thematisieren; bei Bedarf mit Material arbeiten

6 Zeigt euch die Zahlen am Zahlenstrahl.

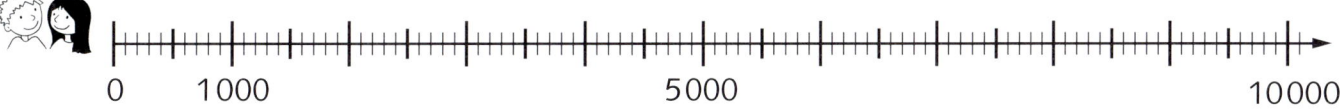

a) 1 000, 2 000, 3 000, … 10 000

b) 1 000, 1 500, 5 000, 5 500, 7 000, 7 500

c) 500, 2 500, 4 500, 6 500, 8 500, 9 500

d) 9 900, 8 400, 7 600, 3 400, 3 100, 1 600

7 Ordne die Zahlen im Heft nach der Größe. Beginne mit der kleinsten Zahl.

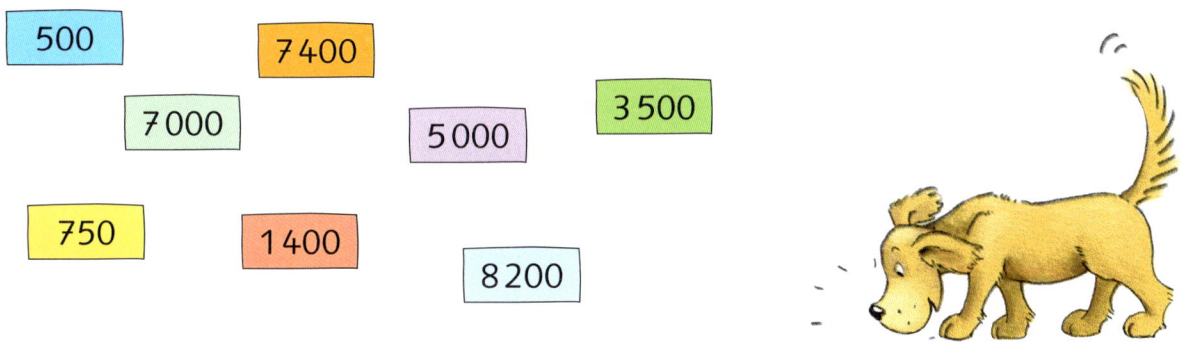

8 a) Welche Zahlen sind markiert?

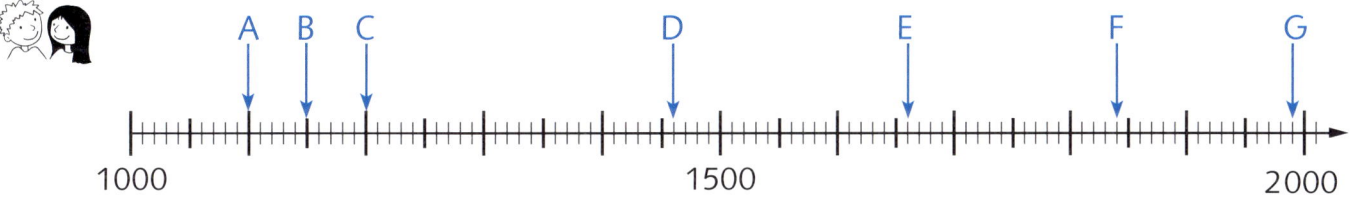

b) Nennt und zeigt euch Zahlen am Zahlenstrahl zwischen 1 000 und 2 000.

9 Setze die Reihen fort. Nutze den Zahlenstrahl.

a) 1 100, 1 200, 1 300, …   b) 1 050, 1 150, 1 250, …   c) 1 950, 1 900, 1 850, …

10 Überlege, rechne und erkläre.

a)	b)	c)	d)
5 + 2	4 + 6	9 − 3	8 − 4
50 + 20	40 + 60	90 − 30	80 − 40
500 + 200	400 + 600	900 − 300	800 − 400
5 000 + 2 000	4 000 + 6 000	9 000 − 3 000	8 000 − 4 000

Merkwissen/Wortspeicher

Addition
+

$\underbrace{160 + 35}_{\textbf{Summe}} = \underbrace{195}_{\textbf{Summe}}$

"Ich addiere 160 und 35."

Subtraktion
−

$\underbrace{240 - 25}_{\textbf{Differenz}} = \underbrace{215}_{\textbf{Differenz}}$

"Von 240 subtrahiere ich 25."

Multiplikation
·

$\underbrace{3 \cdot 15}_{\textbf{Produkt}} = \underbrace{45}_{\textbf{Produkt}}$

"Ich multipliziere 3 und 15."

Division
:

$\underbrace{48 : 3}_{\textbf{Quotient}} = \underbrace{16}_{\textbf{Quotient}}$

"Ich dividiere 48 durch 3."

Punktrechnung vor Strichrechnung

Malaufgaben und **Geteiltaufgaben** werden immer **zuerst** gerechnet. Erst danach werden Plusaufgaben und Minusaufgaben gerechnet.

Punktrechnung (· und :)
VOR
Strichrechnung (+ und −)

Schriftliche Addition

Aufgabe: 425 + 138
Schreibe die Zahlen richtig untereinander.
Beginne an der Einerstelle.
Denke an den Übertrag.

	4	2	5
+	1	3	8
		1	
	5	6	3

Sprich:
8 + 5 = **13**, schreibe 3, übertrage 1
1 + 3 + 2 = **6**, schreibe 6,
1 + 4 = **5**, schreibe 5

Schriftliche Subtraktion – Ergänzen

Aufgabe: 418 – 275

Schreibe die Zahlen richtig untereinander. Beginne an der Einerstelle.
Denke an den Übertrag.

	10	
4	1	8
– 2	7	5
	1	
1	4	3

Sprich:
5 + **3** = 8   schreibe 3,
7 + **4** = 11 schreibe 4, übertrage 1,
3 + **1** = 4   schreibe 1

Schriftliche Subtraktion – Abziehen

Aufgabe: 417 – 136

Schreibe die Zahlen richtig untereinander. Beginne mit dem Rechnen an der Einerstelle.

3	11	
4̸	1̸	7
– 1	3	6
2	8	1

Sprich:
7 – 6 = **1**   schreibe 1,
11 – 3 = **8** schreibe 8,
3 – 1 = **2**   schreibe 2

Länge

Ein Zentimeter gleich 10 Millimeter.   1 cm = 10 mm
Ein Dezimeter gleich 10 Zentimeter.   1 dm = 10 cm
Ein Meter gleich 10 Dezimeter.   1 m = 10 dm
Ein Kilometer gleich 1 000 Meter.   1 km = 1 000 m

$\frac{1}{2}$ m = 50 cm
$\frac{1}{2}$ km = 500 m

Gewicht

Ein Kilogramm gleich 1 000 Gramm.   1 kg = 1 000 g
Ein halbes Kilogramm gleich 500 Gramm. $\frac{1}{2}$ kg = 500 g
Ein viertel Kilogramm gleich 250 Gramm. $\frac{1}{4}$ kg = 250 g

Rauminhalt

1 Liter gleich 1 000 Milliliter.   1 l = 1 000 ml
$\frac{1}{2}$ Liter gleich 500 Milliliter. $\frac{1}{2}$ l = 500 ml
$\frac{1}{4}$ Liter gleich 250 Milliliter. $\frac{1}{4}$ l = 250 ml

Körper

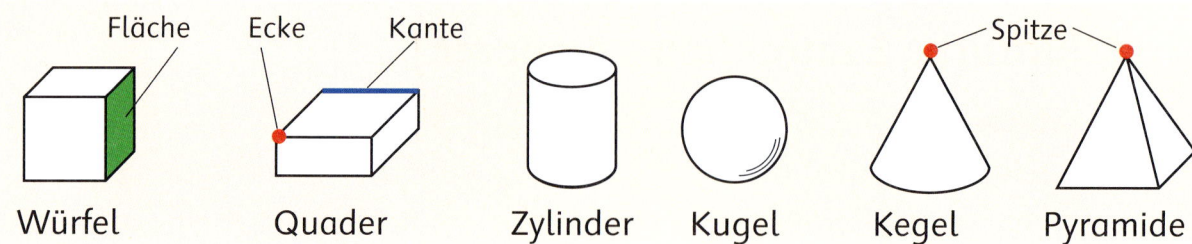

Ebene Figuren

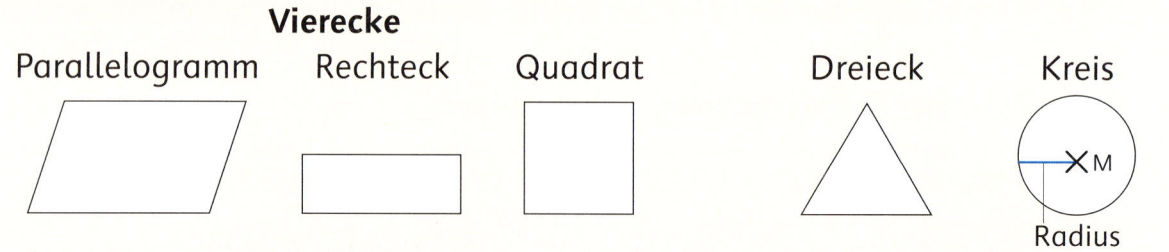

Gerade und Schnittpunkt

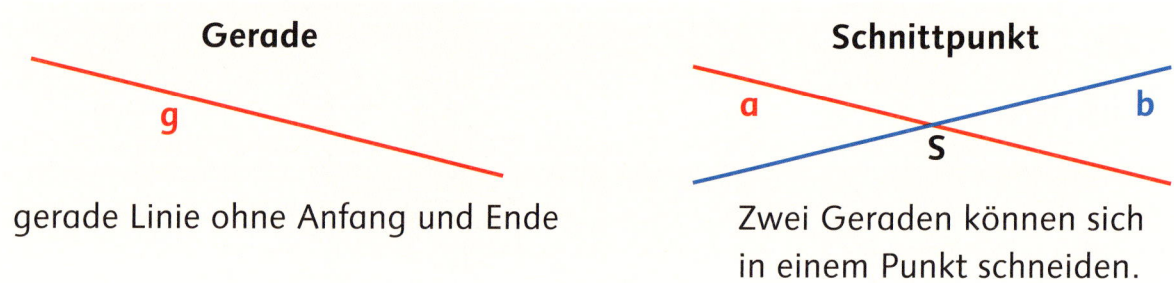

Gerade	Schnittpunkt
gerade Linie ohne Anfang und Ende	Zwei Geraden können sich in einem Punkt schneiden.

Parallel und senkrecht zueinander

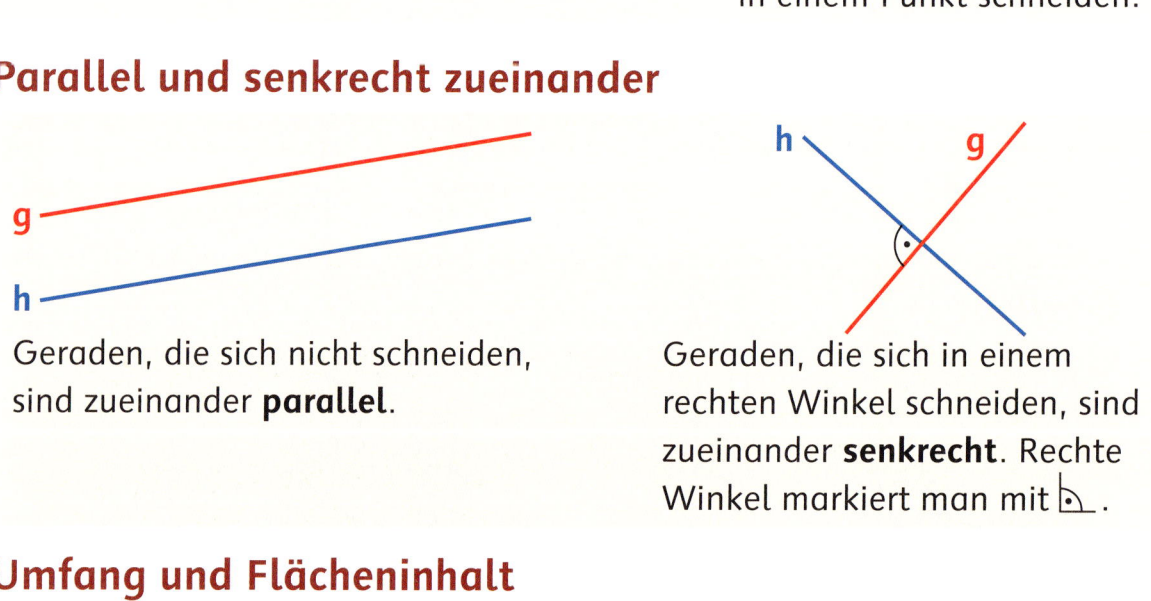

Geraden, die sich nicht schneiden, sind zueinander **parallel**.

Geraden, die sich in einem rechten Winkel schneiden, sind zueinander **senkrecht**. Rechte Winkel markiert man mit ⌐.

Umfang und Flächeninhalt

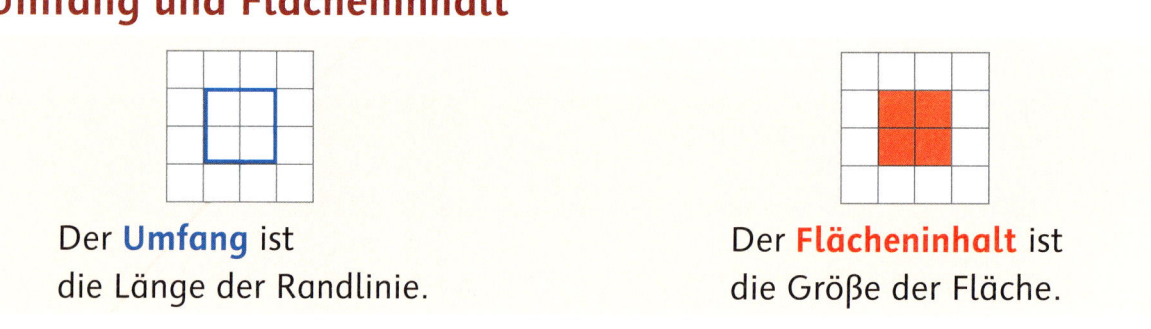

Der **Umfang** ist die Länge der Randlinie.

Der **Flächeninhalt** ist die Größe der Fläche.

mit RECHEN-Strategien

Jo-Jo

Mathematik 3
Lernspuren

Das kann ich schon

Name:

Klasse:

Cornelsen

Die Zahlen bis 1000

Datum:

1 Schätze die Anzahl der Erbsen in den Gläsern.

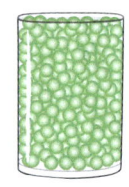 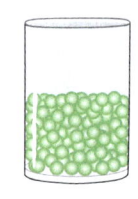 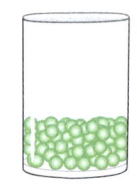 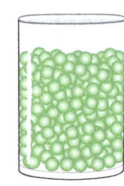

200 Erbsen   _____ Erbsen   _____ Erbsen   _____ Erbsen

2 Welche Zahlen sind dargestellt?

a)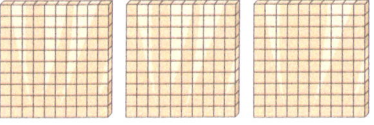

b)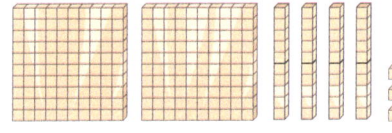

_____

c)

d)

_____

3 Zeichne die Zahlbilder.

a) 231

b) 315

4 Schreibe die Zahlen auf.

a) eintausend   T | H | Z | E

b) dreihundertachtzehn   T | H | Z | E

c) fünfhundertsechs   T | H | Z | E

2   Diese Seite fand ich   ○ leicht   ○ mittel   ○ schwer

Der Zahlenraum bis 1000

Datum:

1 Ergänze und verbinde.

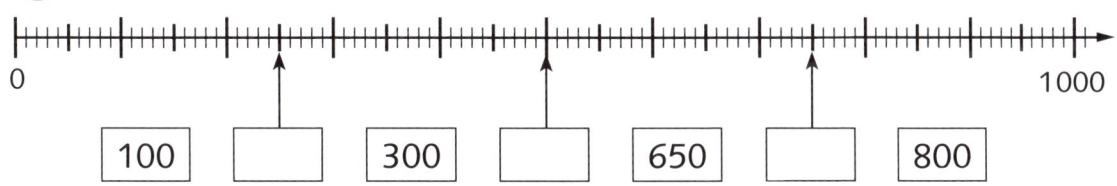

| 100 | | 300 | | 650 | | 800 |

2 Setze die Reihen fort.

a) 100, 200, 300, ____, ____, ____

b) 50, 150, 250, ____, ____, ____

c) 990, 890, 790, ____, ____, ____

d) 850, 849, 848, ____, ____, ____

3

Vorgänger	Zahl	Nachfolger
	345	
	529	
		641

Nachbar-hunderter	Zahl	Nachbar-hunderter
	480	
	740	
	592	

4 Vergleiche. Setze <, > oder = ein.

a) 90 ◯ 100   b) 650 ◯ 690   c) 980 ◯ 909
   600 ◯ 700   451 ◯ 451   747 ◯ 774
   900 ◯ 800   952 ◯ 925   493 ◯ 493

5 Ordne die Zahlen nach der Größe. Beginne mit der kleinsten Zahl.

| 930 | 265 | 498 | 110 | 409 | 625 |

____ < ____ < ____ < ____ < ____ < ____

Diese Seite fand ich   ○ leicht   ○ mittel   ○ schwer

13 Addieren und subtrahieren ohne Hundertübergang

Datum:

① a) 12 + 6 = ____   b) 235 + 24 = ____   c) 326 + 273 = ____
    112 + 6 = ____   563 + 14 = ____   614 + 262 = ____
    112 + 26 = ____   754 + 32 = ____   261 + 429 = ____

② a) 115 + 7 = ____   b) 122 + 19 = ____   c) 348 + 124 = ____
    115 + 37 = ____   416 + 55 = ____   615 + 276 = ____
    115 + 137 = ____   528 + 47 = ____   536 + 256 = ____

③ Rechne und male. Ergänze weitere Aufgaben.

 355    379    390

| 315 + 40 | 321 + 58 | 150 + 240 | ____ + ____ | ____ + ____ |
| 214 + 141 | 302 + 88 | 223 + 156 | ____ + ____ | ____ + ____ |

④ a) 89 – 7 = ____   b) 378 – 15 = ____   c) 663 – 221 = ____
    189 – 7 = ____   856 – 45 = ____   347 – 136 = ____
    189 – 17 = ____   428 – 26 = ____   585 – 422 = ____

⑤ a) 283 – 5 = ____   b) 395 – 38 = ____   c) 472 – 236 = ____
    283 – 25 = ____   438 – 19 = ____   481 – 477 = ____
    283 – 125 = ____   873 – 46 = ____   556 – 548 = ____

⑥ Rechne und male. Ergänze weitere Aufgaben.

 80    213   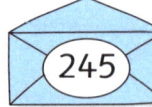 245

| 196 – 116 | 297 – 84 | 300 – 220 | ____ – ____ | ____ – ____ |
| 272 – 27 | 373 – 160 | 490 – 245 | ____ – ____ | ____ – ____ |

4   Diese Seite fand ich   ○ leicht   ○ mittel   ○ schwer

Addieren mit Hunderterübergang   Datum:

1
a) 498 + 3 = ____
498 + 13 = ____
498 + 43 = ____

b) 234 + 80 = ____
640 + 73 = ____
370 + 64 = ____

c) 253 + 76 = ____
482 + 45 = ____
537 + 81 = ____

2
a) 180 + 230 = ____
270 + 240 = ____
360 + 250 = ____

b) 373 + 440 = ____
280 + 135 = ____
630 + 293 = ____

c) 160 + 199 = ____
407 + 395 = ____
596 + 205 = ____

3 Überschlage zuerst und rechne dann.

a) Ü: _____
R: 145 + 160 = ____

b) Ü: _____
R: 589 + 310 = ____

4 Welches Ergebnis könnte stimmen? Überschlage und male an.

a) 776 + 57

| 803 | 933 | 833 | 733 |

b) 434 + 386

| 730 | 820 | 860 | 930 |

5 Ordne zu und rechne. Ergänze zwei passende Additionsaufgaben.

	Ohne Hunderterübergang	Mit Hunderterübergang
187 + 30		
245 + 350		
420 + 260		
360 + 166		

Diese Seite fand ich   ○ leicht   ○ mittel   ○ schwer

Subtrahieren mit Hunderterübergang   Datum:

1 a) 240 − 50 = ____   b) 320 − 60 = ____   c) 325 − 35 = ____
   240 − 55 = ____   570 − 90 = ____   648 − 68 = ____
   240 − 58 = ____   430 − 70 = ____   360 − 74 = ____

2 a) 210 − 120 = ____   b) 243 − 180 = ____   c) 430 − 299 = ____
   320 − 140 = ____   560 − 365 = ____   705 − 698 = ____
   430 − 160 = ____   407 − 220 = ____   562 − 298 = ____

3 Überschlage zuerst und rechne dann.

a) Ü: _____
   R: 330 − 145 = ____

b) Ü: _____
   R: 657 − 367 = ____

4 Welches Ergebnis könnte stimmen? Überschlage und male an.

a) 614 − 77
   | 657 | 507 | 457 | 537 |

b) 862 − 388
   | 374 | 404 | 474 | 604 |

5 Ordne zu und rechne. Ergänze zwei passende Subtraktionsaufgaben.

| 346 − 200 |
| 430 − 280 |
| 425 − 74 |
| 670 − 240 |

Ohne Hunderterübergang	Mit Hunderterübergang
_____	_____
_____	_____
_____	_____
_____	_____

Diese Seite fand ich   ○ leicht   ○ mittel   ○ schwer

Multiplizieren und dividieren   Datum:

1 Nutze eine passende kleine Aufgabe.

a) 2 · 30 = ___   b) 70 · 3 = ___   c) 240 : 4 = ___
   4 · 50 = ___   90 · 5 = ___   180 : 9 = ___
   6 · 40 = ___   60 · 8 = ___   360 : 6 = ___

2 Rechne die kleine Aufgabe und zwei passende große Aufgaben.

a) 3 · 2 = ___   b) 4 · 2 = ___   c) 8 : 4 = ___
   3 · 20 = ___   __ · __ = ___   80 : __ = ___
   3 · 200 = ___   __ · __ = ___   ___ : __ = ___

3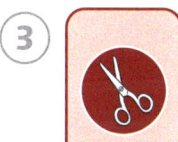

a) 4 · 12 = ___   b) 6 · 24 = ___   c) 60 : 5 = ___
   3 · 17 = ___   4 · 45 = ___   128 : 4 = ___
   5 · 16 = ___   7 · 32 = ___   156 : 3 = ___

4 Rechne und male. Ergänze weitere Aufgaben.

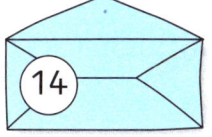   

| 42 : 3 | 87 : 7 | 51 : 4 | 47 : 3 | ___ : __ |
| 84 : 6 | 90 : 5 | 72 : 4 | 92 : 6 | ___ : __ |

5
Meine Zahl ist der vierte Teil von 160.
Meine Zahl ist das Produkt aus 5 und 25.
Meine Zahl erhält man, wenn man 150 durch 3 dividiert.

Diese Seite fand ich   ○ leicht   ○ mittel   ○ schwer

Schriftliche Addition   Datum:

1 Addiere schriftlich.

a) 2 4 1
  + 1 2 3

b) 2 3 5
  + 3 1 4

c) 4 7 3
  + 2 2 5

d) 5 1 2
  + 3 4 7

2 Schreibe richtig untereinander und addiere.

a) 234 + 142   b) 332 + 256   c) 607 + 382   d) 613 + 86

3
a) 2 3 5
  + 1 5 7

b) 2 7 3
  + 3 5 6

c) 4 3 8
  + 2 6 4

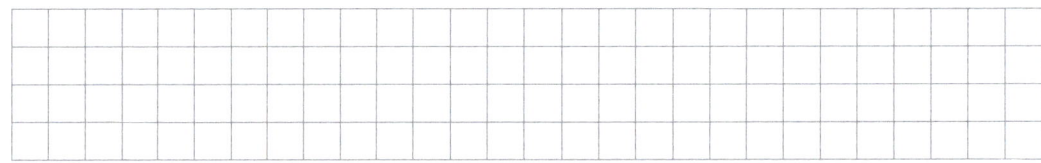

Bei diesen Aufgaben gibt es Überträge.

4 Rechne zuerst die Aufgaben, die du im Kopf rechnen kannst. Rechne die anderen Aufgaben schriftlich.

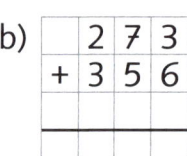
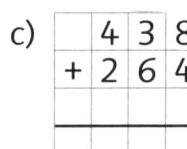

a) 232 + 140 = ____   b) 327 + 268 = ____

c) 450 + 153 = ____   d) 340 + 280 = ____

e) 578 + 256 = ____   f) 649 + 51 = ____

Diese Seite fand ich   O leicht   O mittel   O schwer

Schriftliche Subtraktion ohne Übertrag   Datum:

1 Subtrahiere schriftlich.

a)
```
  2 4 3
- 1 2 1
```

b)
```
  7 8 5
- 5 4 2
```

c)
```
  4 8 9
- 1 5 4
```

d)
```
  3 6 7
- 2 3 5
```

2

a)
```
  3 7 1
- 2 3 0
```

b)
```
  5 7 9
- 3 6 5
```

c)
```
  3 9 7
- 3 3 3
```

d)
```
  6 9 3
- 2 7 3
```

3 Schreibe richtig untereinander und subtrahiere.

a) 249 − 116   b) 368 − 252   c) 755 − 343   d) 487 − 64

4 Überschlage und subtrahiere dann schriftlich.

a) Ü:
```
  5 9 6
- 3 7 4
```

b) Ü:
```
  8 8 8
- 5 1 3
```

Diese Seite fand ich   ○ leicht   ○ mittel   ○ schwer

Schriftliche Subtraktion mit Übertrag   Datum:

1 Subtrahiere schriftlich.

a) 2 7 2
  − 1 2 8

b) 4 6 1
  − 3 2 5

c) 2 4 6
  − 1 7 3

d) 7 3 8
  −   6 4

2 Überschlage und subtrahiere dann schriftlich.

a) Ü:

  4 7 6
− 2 3 8

b) Ü:

  6 4 8
− 4 5 3

3
a) 4 3 4
  − 2 3 7

b) 6 1 3
  − 3 7 5

c) 7 0 4
  − 6 3 7

Bei diesen Aufgaben gibt es mehrere Überträge.

4 Rechne zuerst die Aufgaben, die du im Kopf rechnen kannst. Rechne die anderen Aufgaben schriftlich.

im Kopf rechnen

schriftlich rechnen

a) 230 − 70 = ____   b) 800 − 285 = ____

c) 438 − 361 = ____   d) 559 − 309 = ____

e) 619 − 285 = ____   f) 805 − 795 = ____

Diese Seite fand ich   ◯ leicht   ◯ mittel   ◯ schwer

Rechnen bis 1000

Datum:

1 Rechne nur die Aufgaben schriftlich, die du nicht im Kopf lösen kannst.

a) 250 + 150 = ____
b) 357 + 248 = ____
c) 502 − 498 = ____
d) 976 − 324 = ____

2 Setze für die Platzhalter passende Zahlen ein.

a) 420 + ■ = 500   ■ = ____   b) 480 − ◆ = 402   ◆ = ____
355 + ● = 460   ● = ____   725 − ▲ = 475   ▲ = ____

3 a) 2 · 20 = ____   b) 2 · 15 = ____   c) 5 · 43 = ____
4 · 100 = ____   3 · 23 = ____   73 · 6 = ____

4 a) 24 : 2 = ____   b) 72 : 6 = ____   c) 51 : 5 = ____
55 : 5 = ____   248 : 8 = ____   89 : 8 = ____

5 Setze für die Platzhalter passende Zahlen ein.

a) a · 12 = 60 für a ____   b) 8 · x < 32 für x ____
25 · b = 150 für b ____   45 : 9 > y für y ____

6 Unterstreiche, was du zuerst rechnest, und löse.

a) 10 + 2 · 6 = ____   b) 7 · 8 + 8 · 3 = ____
84 − 28 : 2 = ____   49 : 7 − 5 : 5 = ____

Diese Seite fand ich   ○ leicht   ○ mittel   ○ schwer

Geometrie: Körper Datum:

① Schreibe die Namen der Körper auf.

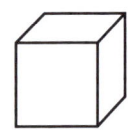 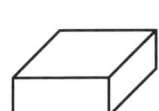  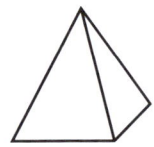

_____ _____ _____ _____

② Zeichne die Ansichten des Bauwerkes.

  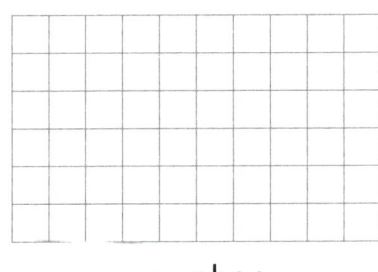

von vorn von oben

③ Färbe die Würfelnetze.
Gegenüberliegende Flächen haben dieselbe Farbe.

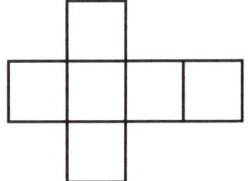 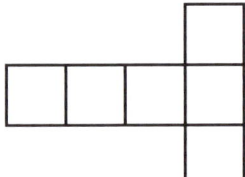 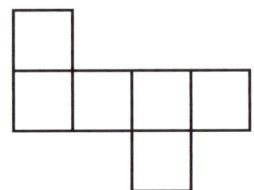

④ Ergänze die Figur zum Quadernetz.

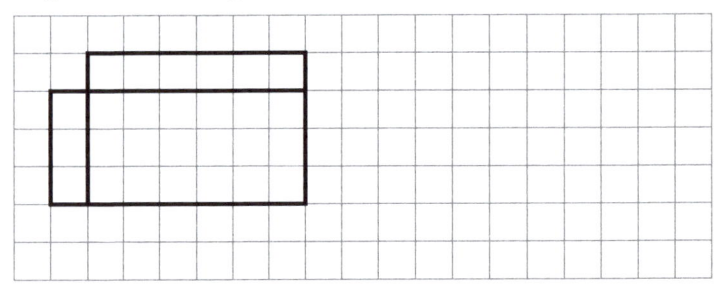

12 Diese Seite fand ich ○ leicht ○ mittel ○ schwer

Geometrie: Symmetrie   Datum:

① Zeichne alle Symmetrieachsen ein.

a) 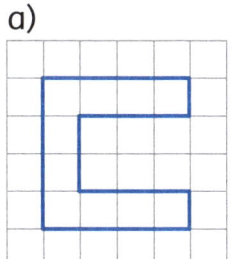 b) 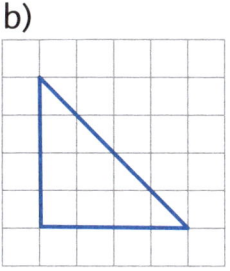 c) 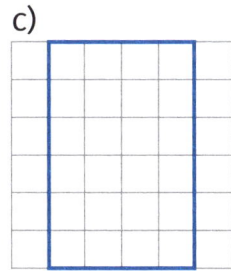 d)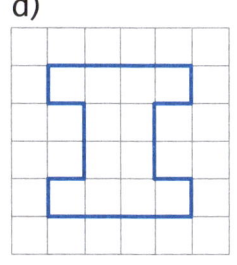

② Ergänze zu symmetrischen Figuren.

a) 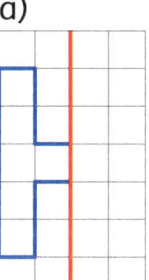 b) 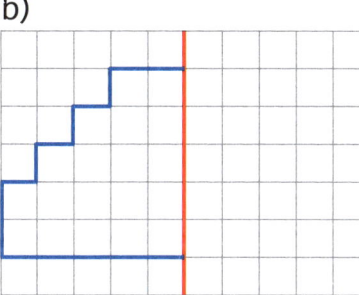 c)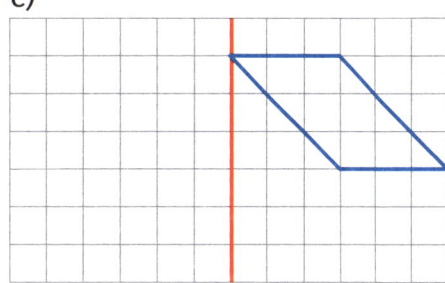

③ Setze das Muster fort.

④ Zeichne selbst ein symmetrisches Muster.

Diese Seite fand ich   O leicht   O mittel   O schwer   **13**

Geometrie: Linien und Flächen   Datum:

1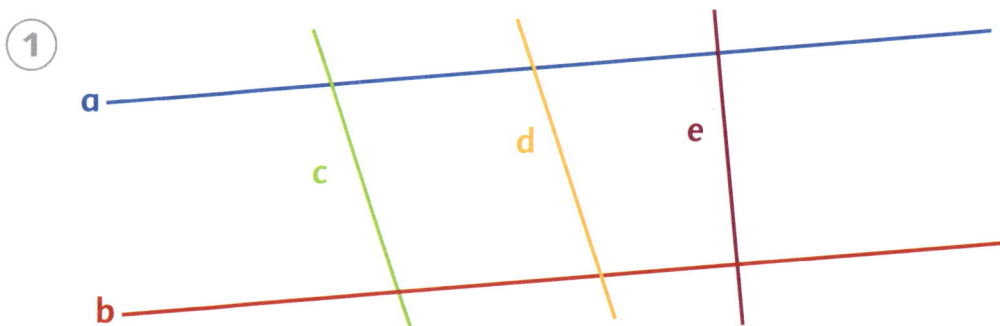

a) Bezeichne alle Schnittpunkte.
b) Welche der Geraden sind zueinander parallel?
   Prüfe mit einem Geodreieck.
   _____

c) Markiere alle rechten Winkel.

2 Schreibe die Namen der Flächen auf.

      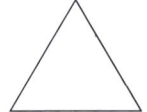   

_____   _____   _____   _____

3 a) 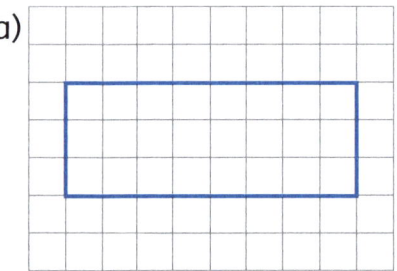   b)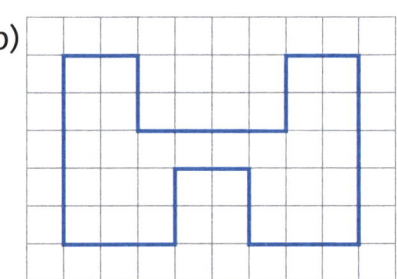

Der Umfang des Rechtecks   Der Umfang der Figur beträgt
beträgt ____ Karolängen.   ____ Karolängen.

Der Flächeninhalt des Recht-   Der Flächeninhalt der Figur
ecks beträgt ____ Karos.   beträgt ____ Karos.

Diese Seite fand ich   ○ leicht   ○ mittel   ○ schwer

Größe: Längen

Datum:

1) Wie groß sind die Dinge in Wirklichkeit? Verbinde.

| 1 m 80 cm | 24 cm | 33 cm | 10 mm | 15 cm | 26 mm |

    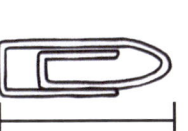 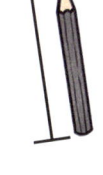

2) Ergänze zu 1 Kilometer.

a) 500 m + _____
    800 m + _____
    300 m + _____

b) 850 m + _____
    730 m + _____
    250 m + _____

c) 645 m + _____
    475 m + _____
    $\frac{1}{2}$ km + _____

3) Wie lang sind die Strecken? Miss mit einem Lineal.

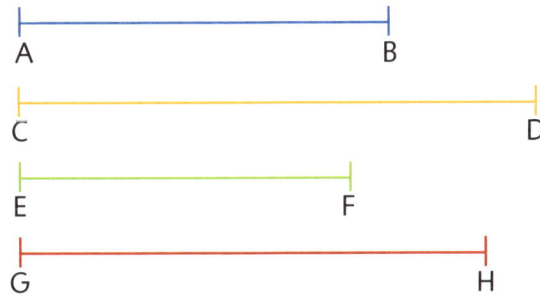

$\overline{AB}$ = _____

$\overline{CD}$ = _____

$\overline{EF}$ = _____

$\overline{GH}$ = _____

4) Zeichne die Strecken.

$\overline{LM}$ = 8 cm

$\overline{IK}$ = 65 mm

Diese Seite fand ich   ○ leicht   ○ mittel   ○ schwer

Größe: Zeit   Datum:

① Wie spät ist es? Notiere beide Uhrzeiten.

a)    b)    c)    d)

_____   _____   _____   _____

_____   _____   _____   _____

② Wie viele Sekunden sind es?

a) 1 min = ____ s
b) 5 min = ____ s
c) 10 min = ____ s
d) 1 min 40 s = ____ s

③ Wie viele Minuten und Sekunden sind es?

a) 90 s = ____ min ____ s
b) 100 s = ____ min ____ s
c) 150 s = ____ min ____ s
d) 200 s = ____ min ____ s

④ Wie viele Minuten sind es?

a) 1 h = ____ min
b) 2 h = ____ min
c) 1 h 20 min = ____ min
d) $\frac{1}{2}$ h = ____ min

⑤ Wie viele Stunden und Minuten sind es?

a) 70 min = ____ h ____ min
b) 80 min = ____ h ____ min
c) 100 min = ____ h ____ min
d) 160 min = ____ h ____ min

⑥ Ergänze.

Abfahrt	Fahrzeit	Ankunft
7.15 Uhr	_____	12.00 Uhr
8.45 Uhr	5 h 20 min	_____
_____	7 h 25 min	14.50 Uhr

Diese Seite fand ich   ○ leicht   ○ mittel   ○ schwer

Größen: Gewichte und Rauminhalte   Datum:

1 Wie viel wiegen die Lebensmittel? Ordne die Gewichtsangaben zu.

| 100 g | 200 g | $\frac{1}{4}$ kg | $\frac{1}{2}$ kg | 1 kg | 2 kg |

_____   _____   _____   _____   _____   _____

2 Ergänze zu 1 Kilogramm.

a) 900 g + _____   b) 750 g + _____   c) 625 g + _____

   500 g + _____   660 g + _____   375 g + _____

   200 g + _____   340 g + _____   60 g + _____

3 Verbinde.

a)

b)

| 70 ml | | 1000 ml | | 10 l | 5 l | 150 l |
| | 450 ml | |

4 Ergänze zu 1 Liter.

a) 800 ml + _____   b) 850 ml + _____

   600 ml + _____   480 ml + _____

   100 ml + _____ $\frac{1}{2}$ l + _____

Diese Seite fand ich   ○ leicht   ○ mittel   ○ schwer

Sachrechnen: Daten entnehmen und Diagramme erstellen

Datum:

1) Im Schulmuseum wurden die Besucher gezählt.

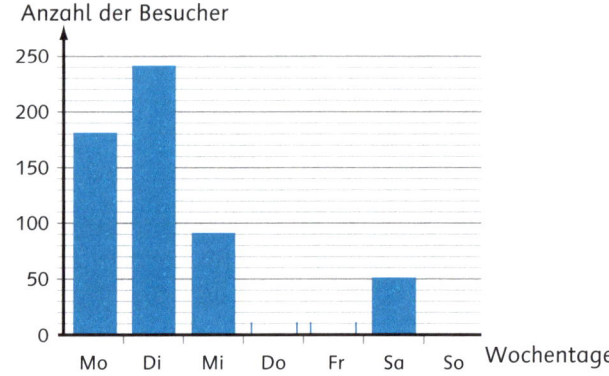

a) Wie viele Besucher haben am Dienstag das Museum besucht?

_____

b) Am Donnerstag kamen 120 Besucher ins Museum, am Freitag halb so viele Besucher. Zeichne die Besucherzahlen in das Diagramm.

c) An welchem Tag ist das Museum geschlossen?

_____

2) Die Klasse 3 fährt ins Schulmuseum. Die Bahnfahrt zum Museum kostet für alle 92,40 €.

Schulmuseum Eintrittspreise	
Erwachsener	4,50 €
Kind	2,50 €
Schulklasse mit Lehrer	27,50 €

a) Wie viel Geld muss der Lehrer für Fahrt und Eintritt einsammeln?

b) Da ein Kind erkrankt, wird die Bahnfahrt um 4,40 € billiger. Wie viel kosten Eintritt und Fahrt jetzt?

Diese Seite fand ich ○ leicht ○ mittel ○ schwer

Daten, Häufigkeit, Wahrscheinlichkeit und Kombinatorik

Datum:

1 Male passend an: möglich , unmöglich , sicher .

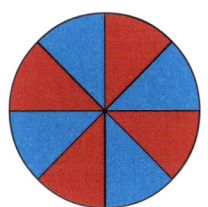

Das Glücksrad hält auf einem grünen Feld.

Das Glücksrad hält auf einem roten Feld.

Das Glücksrad hält auf einem roten oder auf einem blauen Feld.

2 Welches Glücksrad würdest du wählen?

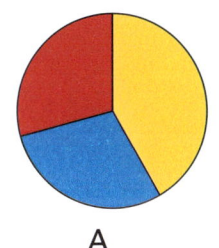 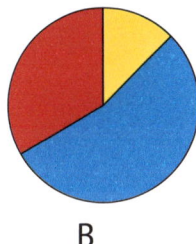  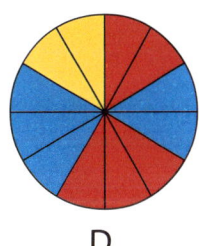

A B C D

a) Wenn BLAU gewinnt, wähle ich das Glücksrad _____ .

b) Wenn GELB gewinnt, wähle ich das Glücksrad _____ .

c) Wenn ROT gewinnt, wähle ich das Glücksrad _____ .

3 Nils hat ein rotes, ein grünes und ein gelbes T-Shirt.
Er hat eine braune, eine blaue und eine graue Hose.
Wie viele Möglichkeiten zum Kombinieren hat er?
Löse mit einer Tabelle oder einem Baumdiagramm.

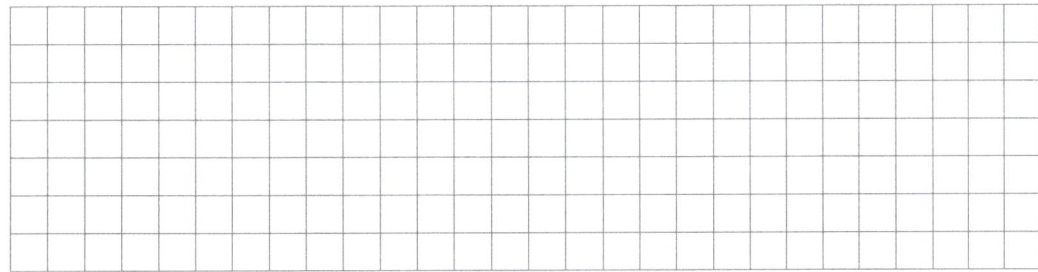

Diese Seite fand ich   ○ leicht   ○ mittel   ○ schwer

Zahlen und Operationen

Vorlage zum Führen individueller Kompetenzgespräche

Schreibe zusammen mit deiner Lehrerin / deinem Lehrer auf, was du schon kannst.

Zahldarstellungen und Zahlbeziehungen verstehen		Datum/Anmerkungen
Ich kenne Hilfen beim Schätzen von großen Anzahlen und kann sie nutzen.	○	
Ich kann Zahlen bis 1 000 sprechen, lesen und in Ziffern schreiben.	○	
Ich kann Zahlen bis 1 000 vergleichen, nach der Größe ordnen und die Zeichen <, > oder = richtig anwenden.	○	
Ich kann bis 1 000 in Schritten vorwärts und rückwärts zählen.	○	
Ich kann Zahlen bis 1 000 schnell in der Tausendertafel zeigen.	○	
Ich kenne die Stellentafel und kann Einer, Zehner und Hunderter erklären.	○	
Ich kann Zahlen bis 1 000 auf verschiedene Arten (Stellentafel, Mehrsystemblöcke, Zahlbilder, Zahlenstrahl) darstellen.	○	
Ich kenne Zahleigenschaften und Zahlbeziehungen (Vorgänger, Nachfolger, Nachbarzehner, Nachbarhunderter, die Hälfte, das Doppelte, gerade und ungerade Zahl).	○	
Ich kann Zahlen bis 1 000 am Zahlenstrahl schnell zeigen oder eintragen.	○	

Rechenoperationen verstehen und beherrschen		Datum/Anmerkungen
Ich kann alle Additions- und Subtraktionsaufgaben bis 1 000 schnell und sicher lösen.	○	
Ich kann zu Additions- und Subtraktionsaufgaben die Umkehraufgaben bilden.	○	
Ich kann schnell entscheiden, wann es sinnvoll ist, Additions-/Subtraktionsaufgaben im Kopf oder schriftlich zu lösen.	○	

Zahlen und Operationen

Ich kann Additions- und Subtraktionsaufgaben in Schritten rechnen und mein Vorgehen beschreiben und begründen.	○	
Ich kann Rechenvorteile nutzen und verschiedene Rechenwege vergleichen und bewerten.	○	
Ich kann zu Additions- und Subtraktionsaufgaben Überschlagsrechnungen durchführen.	○	
Ich kann schriftlich addieren und die Rechenschritte erklären.	○	
Ich kann schriftlich subtrahieren und die Rechenschritte erklären.	○	
Ich kann Kommazahlen addieren und subtrahieren.	○	
Ich kenne die Aufgaben des kleinen Einmaleins und kann sie beim Multiplizieren und Dividieren großer Zahlen anwenden.	○	
Ich kann beim Multiplizieren und Dividieren sinnvoll zerlegen.	○	
Ich kann Divisionsaufgaben mit und ohne Rest lösen.	○	
Ich kenne die Regel „Punktrechnung vor Strichrechnung" und kann sie anwenden.	○	
Ich kann zu Gleichungen und Ungleichungen passende Lösungen finden.	○	

In Kontexten rechnen		Datum/Anmerkungen
Ich kann zum Lösen von Aufgaben die notwendigen Angaben aus Texten, Tabellen oder Diagrammen entnehmen.	○	
Ich kann Tabellen und Skizzen beim Lösen von Sachaufgaben nutzen.	○	
Ich kann Tabellen, Diagramme oder Skizzen beim Präsentieren nutzen.	○	
Ich kann einfache Aufgaben zur Kombinatorik handelnd oder mithilfe von Tabellen und Baumdiagrammen lösen.	○	
Ich kann bei Sachaufgaben einschätzen, ob ein Überschlag ausreicht.	○	

Raum und Form

Sich im Raum orientieren		Datum/Anmerkungen
Ich kenne die Begriffe rechts, links, oben, unten, vorn, hinten und kann sie nutzen.	○	
Ich kann Ansichten von Körpern (von rechts, links, oben, vorn, hinten) den Körpern richtig zuordnen und selbst zeichnen.	○	
Ich kann Baupläne von Würfelgebäuden lesen und selbst anfertigen.	○	
Ich kann nach schriftlichen, mündlichen oder bildlichen Vorgaben bauen und falten.	○	

Geometrische Figuren erkennen, benennen und darstellen		Datum/Anmerkungen
Ich kenne die geometrischen Körper Würfel, Quader, Zylinder, Kugel, Kegel und Pyramide und kann ihre Eigenschaften benennen.	○	
Ich kenne Würfel- und Quadernetze und kann sie selbst zeichnen.	○	
Ich kenne die Flächen Rechteck, Quadrat, Parallelogramm, Dreieck und Kreis und kann ihre Eigenschaften benennen.	○	
Ich kann Rechtecke, Quadrate, Dreiecke und Kreise mit Hilfsmitteln und frei Hand zeichnen.	○	
Ich kann Figuren auslegen und den Flächeninhalt und Umfang bestimmen und vergleichen.	○	

Einfache geometrische Abbildungen erkennen, benennen und darstellen		Datum/Anmerkungen
Ich kann bei Ornamenten die Regeln der Muster erkennen und sie richtig fortsetzen.	○	
Ich kann einfache ebene Figuren auf Symmetrie prüfen.	○	
Ich kann in symmetrischen Figuren Symmetrieachsen erkennen und einzeichnen.	○	
Ich kann auf unterschiedliche Weise symmetrische Figuren erzeugen.	○	

Größen und Messen

Größenvorstellungen besitzen		Datum/Anmerkungen
Ich kann Euro- und Cent-Beträge angeben und unterschiedlich darstellen.	○	
Ich kenne die Längen Millimeter, Zentimeter, Meter und Kilometer und kann sie in verschiedenen Schreibweisen darstellen.	○	
Ich kenne die Monate und Wochentage und kann Datumsangaben schreiben.	○	
Ich kann Zeitpunkte und Zeitspannen berechnen.	○	
Ich kenne die Gewichte Kilogramm und Gramm und kann damit umgehen.	○	
Ich kenne die Rauminhalte Liter und Milliliter und kann damit umgehen.	○	
Ich kann Größen schätzen, vergleichen und messen und kenne einfache Brüche.	○	

Mit Größen in Sachsituationen umgehen		Datum/Anmerkungen
Ich kann in Sachsituationen mit Größen umgehen und dazu Sachaufgaben lösen.	○	
Ich kann unterschiedliche Messgeräte sachgerecht nutzen.	○	

Daten, Häufigkeit und Wahrscheinlichkeit

Daten erfassen und darstellen		Datum/Anmerkungen
Ich kann aus Tabellen, Strichlisten und Diagrammen Informationen entnehmen und Fragen dazu beantworten.	○	
Ich kann eigene Tabellen, Strichlisten und Diagramme erstellen.	○	

Wahrscheinlichkeiten		Datum/Anmerkungen
Ich kann die Begriffe „möglich", „unmöglich", „sicher" bei einfachen Zufallsexperimenten anwenden.	○	
Ich kann Gewinnchancen bei einfachen Zufallsexperimenten einschätzen.	○	

	Der Zahlenraum bis 1000	Die Zahlen bis 1000	2
		Der Zahlenraum bis 1000	3
	Geometrische Körper	Geometrie: Körper	12
	Addieren und subtrahieren bis 1000	Addieren und subtrahieren ohne Hunderterübergang	4
		Addieren mit Hunderterübergang	5
		Subtrahieren mit Hunderterübergang	6
	Längen	Größe: Längen	15
	Achsensymmetrie	Geometrie: Symmetrie	13
	Multiplizieren und dividieren	Multiplizieren und dividieren	7
	Zeit	Größe: Zeit	16
	Schriftlich addieren und subtrahieren	Schriftliche Addition	8
		Schriftliche Subtraktion ohne Übertrag	9
		Schriftliche Subtraktion mit Übertrag	10
	Daten, Häufigkeit, Wahrscheinlichkeit	Sachrechnen: Daten entnehmen und Diagramme erstellen	18
		Daten, Häufigkeit, Wahrscheinlichkeit und Kombinatorik	19
	Linien und Flächen	Geometrie: Linien und Flächen	14
	Gewichte und Rauminhalte	Größen: Gewichte und Rauminhalte	17
	Rechnen bis 1000	Rechnen bis 1000	11
	Vorlage zum Führen individueller Kompetenzgespräche	Zahlen und Operationen	20/21
		Raum und Form	22
		Größen und Messen	23
		Daten, Häufigkeit, Wahrscheinlichkeit	23

Jo-Jo Mathematik 3 Lernspurenheft
Erarbeitet von Joachim Becherer, Dr. Andrea Schulz
Redaktion: Claudia Thomas-Johansson, Agnetha Heidtmann
Illustrationen von Doris Umschaden (Kinder nach Entwürfen von Imke Sönnichsen-Kerres),
Imke Sönnichsen-Kerres (Jojo), Barbara Jung
Grafik: Christine Wächter
Gesamtgestaltung und Layoutkonzept: Heike Börner
Layout und technische Umsetzung: Marion Röhr, Mega 14

Dieses Heft ist Bestandteil des Schülerbuchs Jo-Jo Mathematik 3 (ISBN 978-3-06-082254-6) und nicht einzeln bestellbar. Es kann im 10er-Pack nachbestellt werden (ISBN 978-3-06-082922-4).

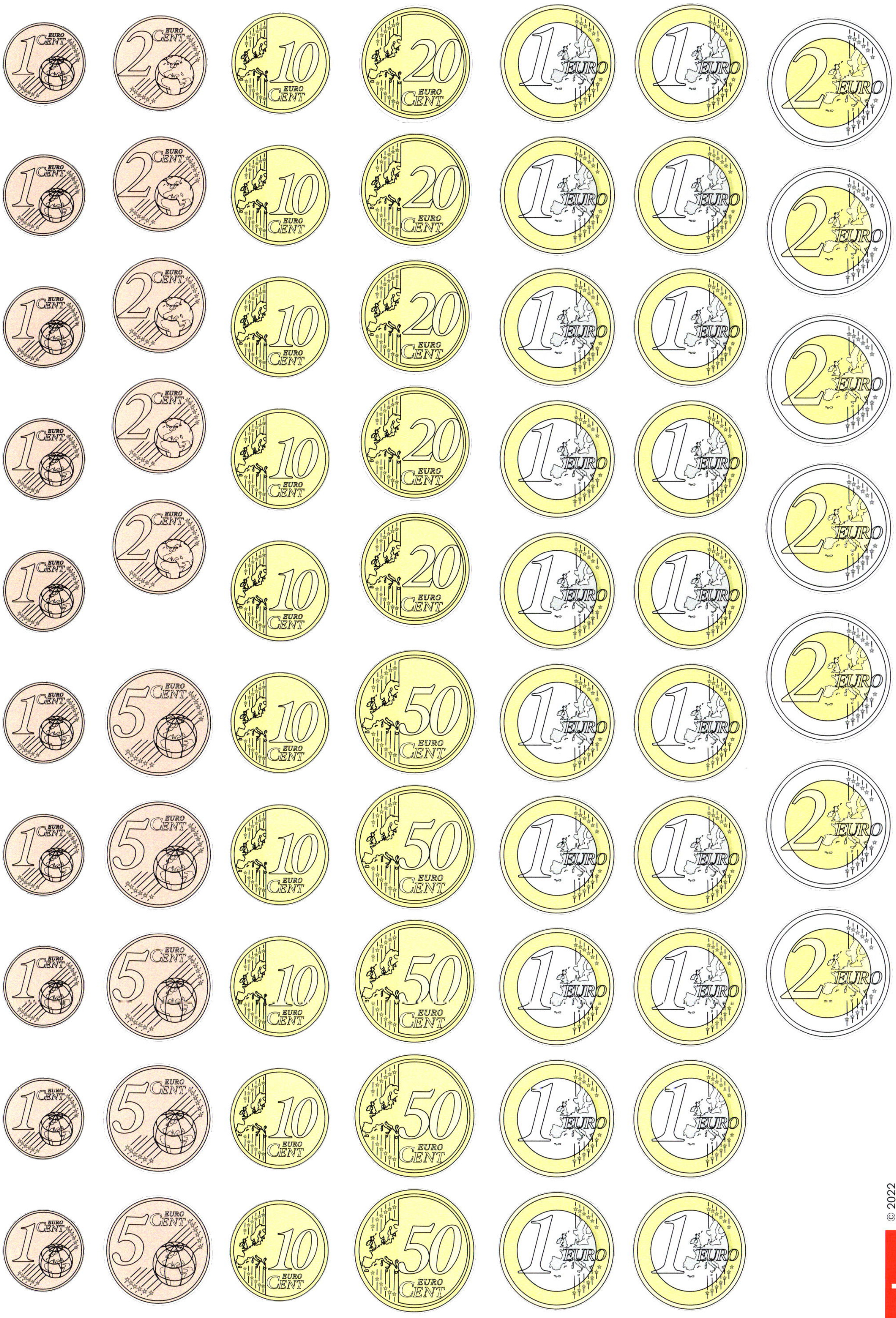

Bildquellen: Euro-Scheine: Cornelsen/Christine Wächter/Deutsche Bundesbank. **Euro- und Cent-Münzen (Vorderseite):** Cornelsen/Christine Wächter/Deutsche Bundesbank/Luc Luycx aus Belgien. **Euro- und Cent-Münzen (Rückseite): 1-, 2- und 5-Cent-Münzen** Cornelsen/Christine Wächter/Deutsche Bundesbank/Prof. Rolf Lederbogen. **10-, 20-, 50-Cent-Münzen** Cornelsen/Christine Wächter/Deutsche Bundesbank/Reinhart Heinsdorff. **1- und 2-Euro-Münzen** Cornelsen/Christine Wächter/Deutsche Bundesbank/Heinz Hoyer und Sneschana Russewa-Hoyer.

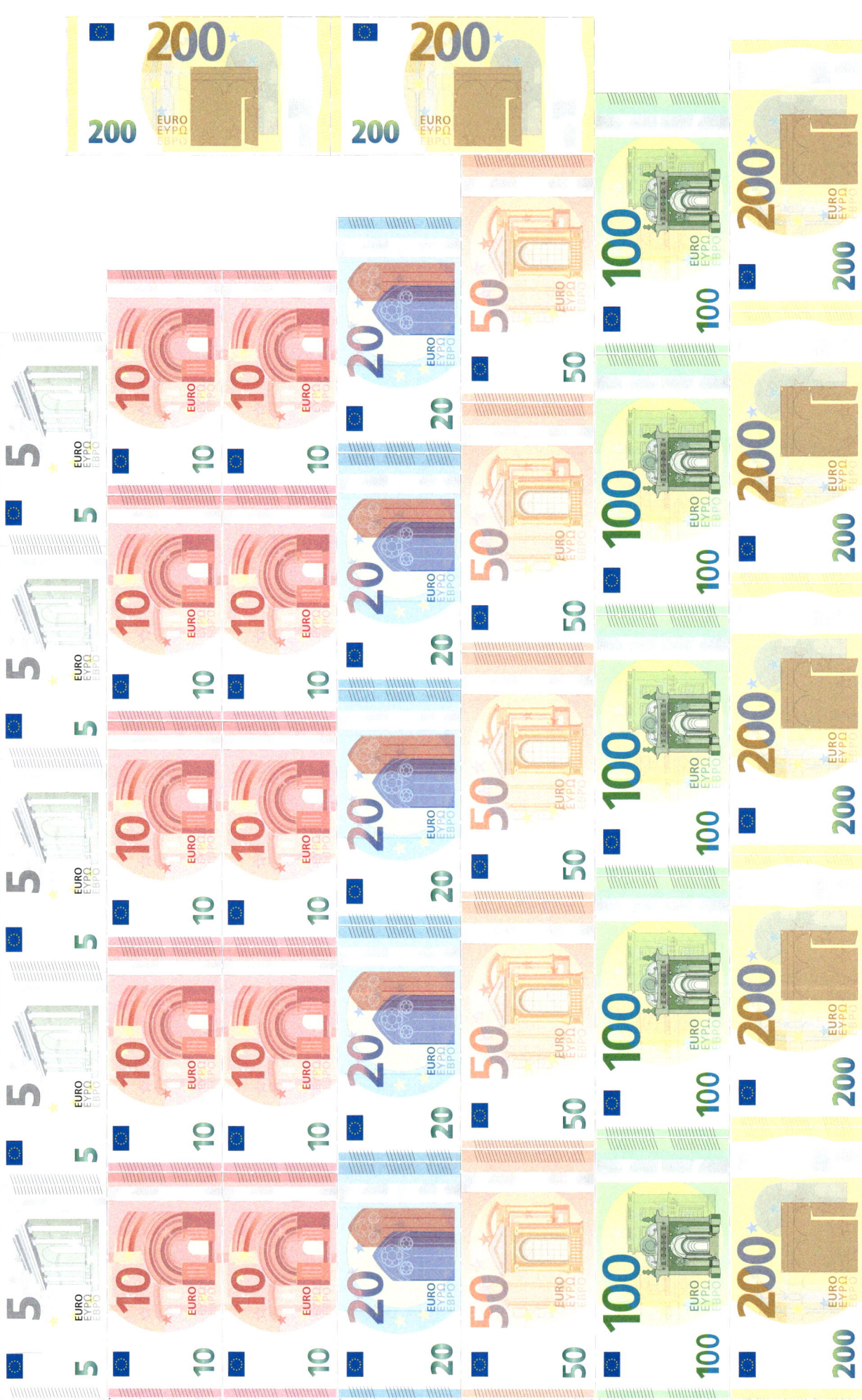

Strategiekarten

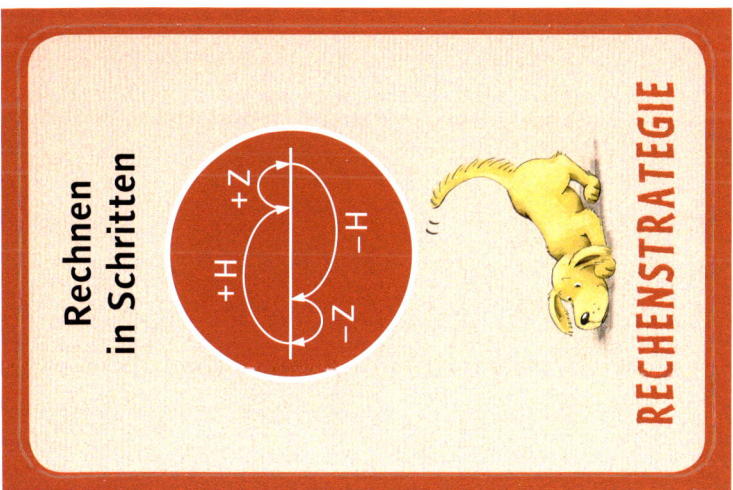

Card 1:

Zerlege in Aufgaben,
die leicht im Kopf
zu lösen sind.

6 · 12

denn $\dfrac{6 \cdot 12 = 72}{\begin{array}{l}6 \cdot 10 = 60\\ 6 \cdot 2 = 12\end{array}}$

denn $\dfrac{6 \cdot 12 = 72}{\begin{array}{l}5 \cdot 12 = 60\\ 1 \cdot 12 = 12\end{array}}$

© 2019 Cornelsen Verlag GmbH, Berlin
Alle Rechte vorbehalten.

Card 2:

Zerlege die erste Zahl so,
dass sie leicht im Kopf
zu teilen ist.

75 : 3

denn $\dfrac{75 : 3 = 25}{\begin{array}{l}60 : 3 = 20\\ 15 : 3 = 5\end{array}}$

denn $\dfrac{75 : 3 = 25}{\begin{array}{l}30 : 3 = 10\\ 30 : 3 = 10\\ 15 : 3 = 5\end{array}}$

© 2019 Cornelsen Verlag GmbH, Berlin
Alle Rechte vorbehalten.

Card 3:

Einen Überschlag nutzt man, um Ergebnisse abzuschätzen.

Man verändert die Zahlen so, dass man leicht im Kopf rechnen kann.

Es gibt verschiedene Möglichkeiten für den Überschlag:

418 + 74
Ü: 400 + 100
Ü: 420 + 70
...

© 2019 Cornelsen Verlag GmbH, Berlin
Alle Rechte vorbehalten.

Card 4:

Nutze die kleine Aufgabe.

2 · 30 = 60   20 · 3 = 60
2 · 300 = 600   200 · 3 = 600
denn 2 · 3 = 6

80 : 4 = 20   80 : 40 = 2
800 : 4 = 200   800 : 400 = 2
denn 8 : 4 = 2

© 2019 Cornelsen Verlag GmbH, Berlin
Alle Rechte vorbehalten.

Card 5:

Zuerst die Hunderter dazu,
dann die Zehner.

denn $\dfrac{380 + 240 = 620}{\begin{array}{l}380 + 200 = 580\\ 580 + 40 = 620\end{array}}$

Zuerst die Hunderter weg,
dann die Zehner weg.

denn $\dfrac{620 - 240 = 380}{\begin{array}{l}620 - 200 = 420\\ 420 - 40 = 380\end{array}}$

© 2019 Cornelsen Verlag GmbH, Berlin
Alle Rechte vorbehalten.

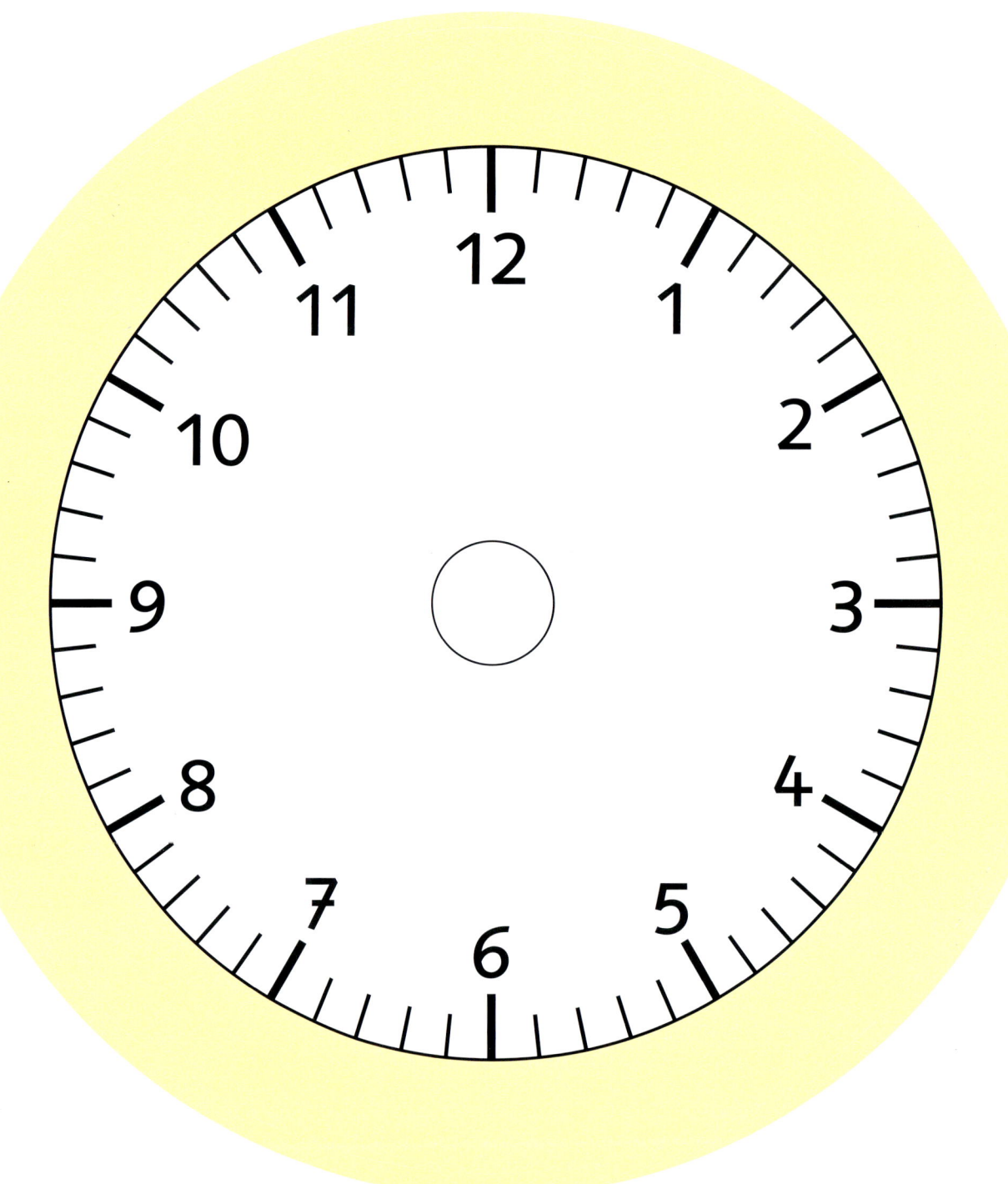

Großer Zeiger
Minutenzeiger

Kleiner Zeiger
Stundenzeiger

1	2	3	4	5	6	7	8	9	10
11									20
21									30
31									40
41									50
51									60
61									70
71									80
81									90
91									100

101									110
111									120
121									130
131									140
141									150
151									160
161									170
171									180
181									190
191									200

201									210
211									220
221									230
231									240
241									250
251									260
261									270
271									280
281									290
291									300

301									310
311									320
321									330
331									340
341									350
351									360
361									370
371									380
381									390
391									400

401									410
411									420
421									430
431									440
441									450
451									460
461									470
471									480
481									490
491									500

501									510
511									520
521									530
531									540
541									550
551									560
561									570
571									580
581									590
591									600

Cornelsen
220039938
© 2019 Cornelsen Verlag GmbH, Berlin.
Alle Rechte vorbehalten

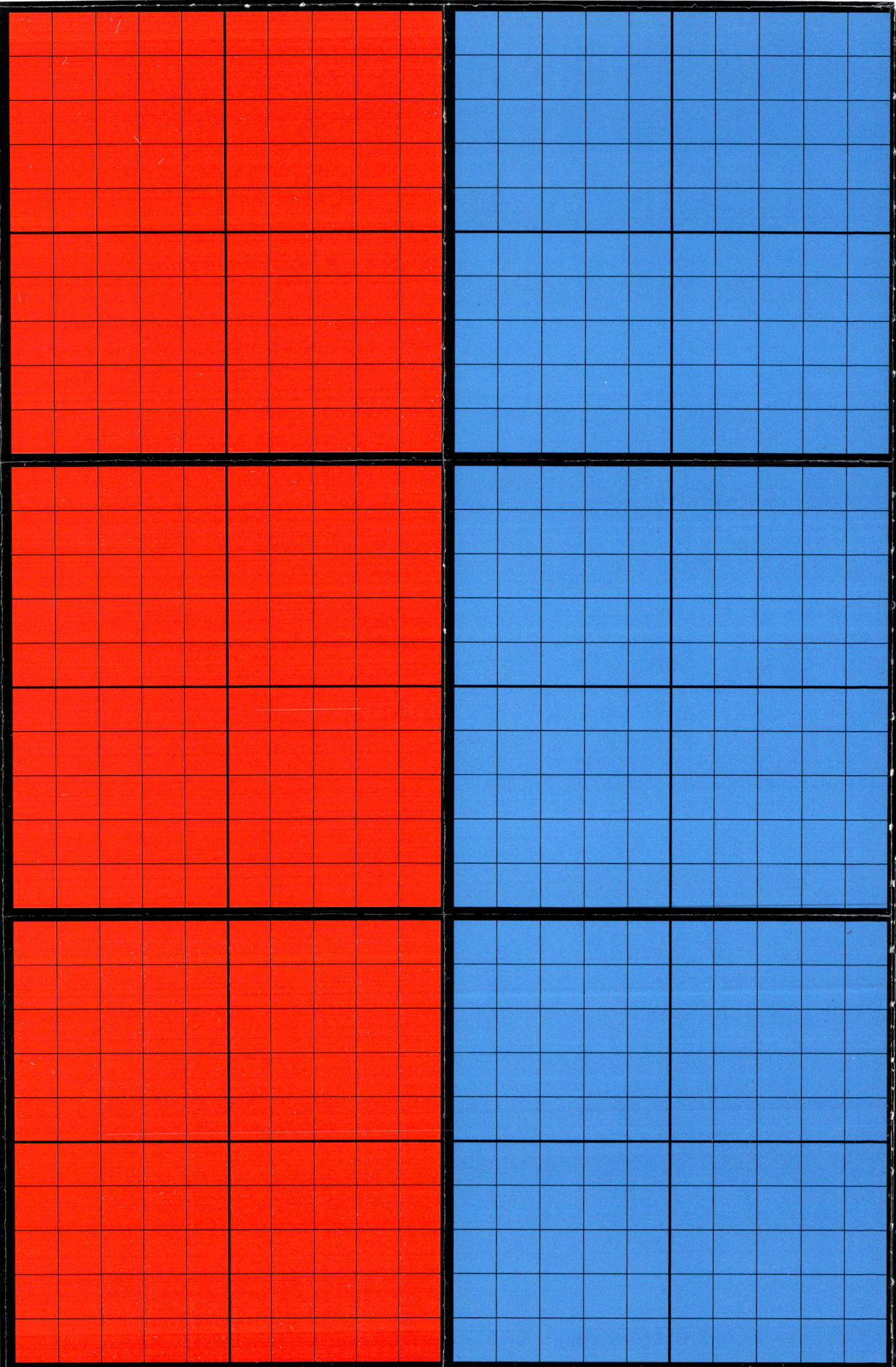

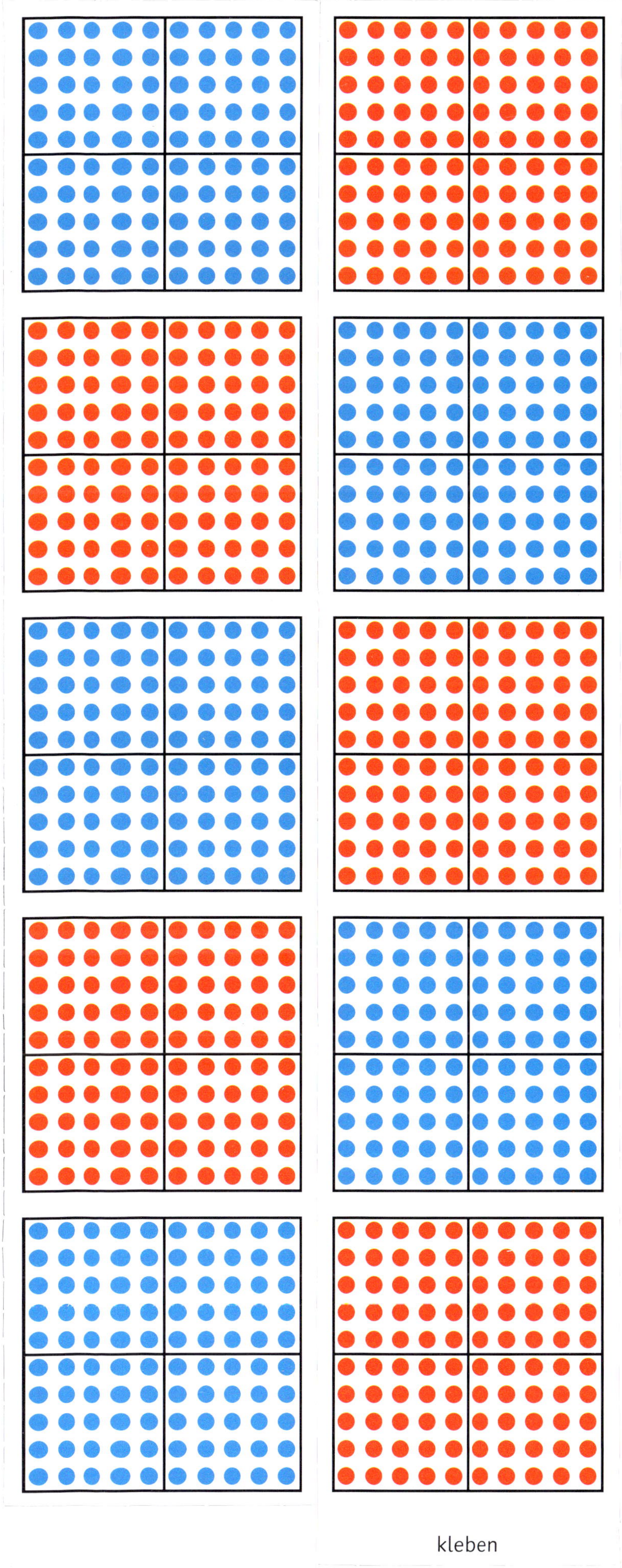

kleben

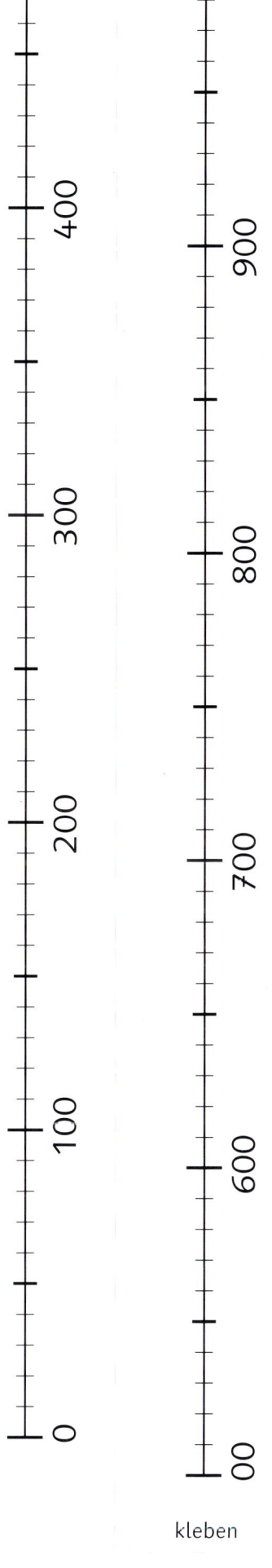

kleben